PL

W0038306

Damnatio Memoriae

Other works by Jeff Biggers

Nonfiction

*State Out of the Union:
Arizona and the Final Showdown
Over the American Dream*

*The United States of Appalachia:
How Southern Mountaineers Brought Independence,
Culture, and Enlightenment to America*

*Reckoning at Eagle Creek:
The Secret Legacy of Coal in the Heartland*

In the Sierra Madre

Damnatio Memoriae

a play / una commedia

A Bilingual Edition
in English and Italian

by

Jeff Biggers
and Carla Paciotto

WingsPress

San Antonio, Texas
2015

Damnatio Memoriae: a play / una commedia
© 2015 by Wings Press, for Jeff Biggers and Carla Paciotto

Cover art by Bridget Shanahan. Used by permission of the artist.

First Wings Press Edition

Printed edition ISBN: 978-1-60940-461-1
Ebooks:
ePub ISBN: 978-1-60940-462-8
Kindle/mobipocket ISBN: 978-1-60940-463-5
Library PDF ISBN: 978-1-60940-464-2

Wings Press
627 E. Guenther
San Antonio, Texas 78210
Phone/fax: (210) 271-7805
On-line catalogue and ordering:www.wingspress.com
All Wings Press titles are distributed to the trade by
Independent Publishers Group
www.ipgbook.com

Library of Congress Cataloging-in-Publication Data

Biggers, Jeff, 1963-
 Damnatio memoriae : a play / una commedia / by Jeff Biggers and Carla
Paciotto. -- First Wings Press edition.
    pages cm
 "A Bilingual Edition in English and Italian."
 ISBN 978-1-60940-461-1 (pbk. : alk. paper) -- ISBN 978-1-60940-462-8
(ebook) -- ISBN 978-1-60940-463-5 (kindle/mobipocket ebook) -- ISBN
978-1-60940-464-2 (library pdf)
 I. Paciotto, Carla. II. Title.
 PS3602.I366D36 2015
 812'.6--dc23   2015007715

Contents – Indice

*In memory of all those who have lost
their lives crossing the Mediterranean Sea.*

gens una sumus

*Dedicato a tutti coloro che hanno
perso la vita attraversando il Mar Mediterraneo.*

gens una sumus

Acknowledgments

The authors would like to thank Guido Ferrarini and the entire crew at Teatroaperto in Bologna, Italy—Tiziano Tommesani, Piero Ferrarini, Renata Fiorentini, Shoshanna Zuckerman—for their collaboration on *Damnatio Memoriae* and the Mare Nostrum Theatre Project.

Our work springs from our 25-year friendship and collaboration with Guy Lydster and Licia Catapano, and our dear community of friends in Bologna. Deepest gratitude for all of your support.

Thanks to Bridget Shanahan for the cover design. And, sopratutto, grazie mille to publisher Bryce Milligan, for his support and long-time literary work beyond borders.

Ringraziamenti

Ringraziamo Guido Ferrarini e il Centro Culturale Teatroaperto-Teatro Dehon, Tiziano Tommesani, Piero Ferrarini, Renata Fiorentini e Shoshanna Zuckerman, per la collaborazione al Progetto Teatrale Mare Nostrum e *Damnatio Memoriae*.

Il nostro lavoro è frutto dell'amicizia e della collaborazione ventennale con Guy Lydster e Licia Catapano e con i nostri di amici di Bologna. Vi siamo profondamenti grati per tutto il vostro supporto.

Un ringraziamento a Bridget Shanahan per il disegno di copertina. Soprattutto grazie mille all'editore Bryce Milligan per l'incoraggiamento e per il suo instancabile lavoro a sostegno della letteratura al di là delle frontiere.

Introduction

I stood under the Arch of Septimius Severus in the Roman Forum for the first time as an American expatriate in 1989. Twenty-five years later, I saw it as an international stage.

The stage of Ancient Rome. In the time of an immigration crisis. Two clashing theatre troupes—one Italian, one composed of immigrants. Two interpretations of Shakespeare's role of "Aaron the Moor" in *Titus Andronicus*. Two views over the lost history of today's "moors," and the influence of Africans and Arabs in shaping Ancient Rome. Amid the clash of cultures, a new play emerges beneath that Arch; a journey of migration in modern Italy and the Mediterranean Sea that unites cultures from around the world on the stage.

An early version of this theatrical vision first took form in 1989, when Carla and I huddled in a small cottage in the Apennines hills, not far from Bologna. We set out to write a multilingual play about new immigrants; the African street vendors, the always nameless, stateless and disparaged "vu compra."

We wondered: How could the stage provide a safe, healing and creative space, as well as a historical and narrative context, for immigrant stories to be voiced and heard.

Those were intense days in Italy. After South African refugee Jerry Essan Masslo was murdered that summer by local thugs in the tomato fields of southern Italy, thousands of Italians took to the streets in Rome to advocate for civil rights for immigrants. Italy had shifted from being a country of emigration to a country of immigration; but the nation's grasp of tolerance and diversity was still in progress.

Twenty-five years later, retracing those steps in Rome, I realized today's immigrants continue to walk along the ancient road of Via Appia, where a mysterious Septizodium monument constructed by Libyan-born Emperor Septimius Severus in Ancient Rome once welcomed their arrival from Africa.

The Septizodium is gone, of course, long since dismantled into pieces and distributed into the far corners of the Eternal City like uncollected stories from Ancient Rome. The Arch of Septimius Severus has endured.

In his Nobel lecture in 1990, Mexican author Octavio Paz invoked the "presence" of the past in his own ancient world. "The temples and gods of pre-Columbian Mexico are a pile of ruins, but the spirit that breathed life into that world has not disappeared; it speaks to us in the hermetic language of myth, legend, forms of social coexistence, popular art, customs." For Paz, being a Mexican writer meant "listening to the voice of that present, that presence."

The presence of the Ancient Roman past can be powerful, even threatening. Libyan dictator Muammar Gaddafi dramatically removed an antique bronze statue of Severus in the 1990s, when the Emperor's presence served as a mustering ground for the opposition in Tripoli's Green Square (today's Martyr Square).

Gaddafi wasn't the first person to condemn histories, especially those in the time of Severus, whose family dynasty—and the Syrian family of his Empress Julia Domna—ruled the Roman Empire from 193-235, during an extraordinary period of expansion.

The Ancient Romans called it "damnatio memoriae," the act of damning (and removing) someone's memory or existence from all monuments, when found objectionable by the emperor. This included Geta, the son of Severus, who would eventually be brutally murdered by his jealous brother's accomplices in a power struggle.

Geta's name had been chiseled out of the Arch of Septimius Severus. His face disappeared from a famed painted wooden tondo, dated 199, of the Severus family.

What if Geta returned to the stage, censored stones in hand, and demanded to be re-inserted back into our historical memory? What unknown stories would we learn about his family's tragic dynasty and their impact on Ancient Rome, shaped by a Libyan-born father and a Syrian-born mother?

The theatre is the perfect forum for such a "timebend," as Arthur Miller invoked in his own memoir, where the past and present speak to each other in the language of memory.

Nearly two thousand years later, such a legacy has been overshadowed by an unprecedented crisis over immigration in Italy. By the spring of 2015, over 218,000 refugees and immigrants, mainly from Africa and Syria, embarked from Severus' Libyan ports to make the dangerous voyage across the sea, the "mare nostrum" of Ancient Rome. With more than 3,500 deaths in 2014-2015, the International Organization for Migration hailed the passage as the deadliest migrant crossing in the world.

The ancient tradition of migration knows no borders, of course—nor do such tragedies only unfold in the Mediterranean. One in seven people on this planet has migrated from his or her homeland; and thousands die annually, making the journey from Central America and Mexico to the United States, from Indonesia to Australia, and across the Sahara Desert to North Africa.

After a tragic boat accident off the Sicilian island of Lampedusa, which resulted in 366 deaths in 2013, "Mare Nostrum" became the official name of Italy's maritime policy of assisting refugees— which ended in 2014, despite worldwide concern. They are hailed as "clandestines," a word that didn't exist in Severus' time.

Returning to Bologna in 2013, Carla and I approached theatre director Guido Ferrarini, who founded Teatroaperto in 1974 in the tradition of the "Nuovo Teatro Popolare" movement, and shared our sense of urgency to pull back the curtain on the immigrant experience, often lost in the endless political debates, and provide a stage for immigrant voices from Ancient Rome to modern Italy.

"In the theatre," Ferrarini told me, "we can touch on one of the most important, compelling and unavoidable issues of our times: the integration of peoples. This process is inescapable, and our role is to reintroduce in the theater the challenges of immigration, or better, the migration of people on earth."

In his novel, *The Book of Laughter and Forgetting*, Czech author Milan Kundera wrote: "The struggle of man against power is the struggle of memory against forgetting."

Damnatio Memoriae emerged as our struggle to recover the past, and its presence in modern times.

We opened the curtains with Shakespeare and his portrait of "Aaron the Moor," in his outrageously bloody play about Ancient Rome, *Titus Andronicus*. We brought to stage the historical challenge of Severus, who died in present-day York, England, on a campaign to extend the Roman Empire to the far reaches of Scotland; and whose son, the eventual Emperor Caracalla, enacted the historic Antonine Constitution, which granted citizenship to all free men in the Roman Empire.

From the clash of two theatre troupes, a new play came into view, weaving together the stories of the actors and their ancient and modern conflicts over birthright, citizenship, family conflict, fatherhood and motherhood, revenge, redemption—and even love.

To wonder again on the Ancient Roman stage: *Fecisti patriam diversus sis de gentibus unam.* "From differing peoples you have made one native land."

Jeff Biggers
Rome, Italy
2015

Damnatio Memoriae

a play

Characters

DIRECTOR

STAGE MANAGER

CARABINIERE

from *Titus Andronicus*

AARON THE MOOR (lover of Tamora)

MARCUS (brother of Titus Andronicus)

LUCIUS (son of Titus)

TAMORA (Queen of the Goths)

from *Severus Theatre Company*

SEPTIMIUS SEVERUS (Roman Emperor, from Leptis Magna, Libia)

JULIA DOMNA (Roman Empress, from Emesa, Syria)

APULEIUS II (son of Apuleius, from Madaura, Algeria)

CARACALLA (son of Severus and Julia Domna, Roman Emperor)

GETA (son of Severus and Julia Domna, co-Roman Emperor)

ELAGABALUS (teenage Roman Emperor, High Priest of the sun god Elagabal, from Emesa, Syria)

Act I

Scene I

Setting: Stage set up for a rehearsal of Shakespeare's Titus Andronicus: *Roman theatre background. Ruins of an unknown tower to stage right. Arch in center background. Slightly elevated box of sand at center stage.*

Scene opens with dark stage. As AARON THE MOOR recites monologue from Act V, Scene 1, spotlight focuses on his face, then torso, buried in the sandbox.

AARON: "Ay, that I had not done a thousand more.
Even now I curse the day—and yet, I think,
Few come within the compass of my curse,—
Wherein I did not some notorious ill,
As kill a man, or else devise his death,
Ravish a maid, or plot the way to do it,
Accuse some innocent and forswear myself,
Set deadly enmity between two friends,
Make poor men's cattle break their necks;
Set fire on barns and hay-stacks in the night,
And bid the owners quench them with their tears.

Oft have I digg'd up dead men from their graves,
And set them upright at their dear friends' doors,
Even when their sorrows almost were forgot;
And on their skins, as on the bark of trees,
Have with my knife carved in Roman letters,
'Let not your sorrow die, though I am dead.'
Tut, I have done a thousand dreadful things

As willingly as one would kill a fly,
And nothing grieves me heartily indeed
But that I cannot do ten thousand more."

(Silence. Then, full stage lights, as the DIRECTOR and STAGE MANAGER enter, stop and stare at the arch, then pace across the stage, discussing various problems with equipments, late actors.)

STAGE MANAGER: It's the best I could do with the budget you gave me.

DIRECTOR: Which arch is it?

STAGE MANAGER: The Arch of Titus, I guess. Are there others? I don't know, to be honest. The set designer left in a huff, unhappy with his payment. He didn't even finish all of the statues and painting. In fact, there's one portrait painting where he didn't even finish the face of one of the characters.

DIRECTOR: What? He left before finishing the face in a portrait painting? A blank face on a portrait? Are you kidding me?

STAGE MANAGER: No one's happy on this stage. The props. The pay. And the Roman guards? They might even go on strike. They're meeting with the union this afternoon.

DIRECTOR: Roman guards on strike? They don't even have speaking parts. What are they going to do, march around with blank placards for protest signs?

STAGE MANAGER: Oh, and Titus says he's going to be late.

DIRECTOR: Again.

STAGE MANAGER: He can't find his severed hand.

DIRECTOR: His hand! How about putting his head on for once. Can't Titus just use Lavinia's stumps for rehearsal?

STAGE MANAGER: She's going to be late, too. I asked her to stop by the bakery to pick up the pie with Chiron's and Demetrius' body parts. She lives in the same quarter.

(Surprised DIRECTOR halts in front of AARON.)

DIRECTOR: At least we have one actor on stage with all of his body parts, albeit buried.

AARON: Can you give me a hand to get out of the contraption? I came to rehearsal early and got stuck in here.

STAGE MANAGER: Hah, like I'd give you a hand. We saw what you did to Titus.

DIRECTOR: No, stay there. And work on those last phrases. *(Takes on dramatic voice.)* "And nothing grieves me heartily indeed. But that I cannot do ten thousand more." More venom. More passion. You're delivering the last lines of defiance and contempt, not a plea for a hand out of the sandbox. As Shakespeare says, you're an irreligious, wicked Moor, so unleash the irreligious, wicked Moor inside of you. That should be easy. You Moors are always pissed off about something.

AARON: I'm not a Moor. I'm Pakistani.

DIRECTOR: *(Waves dismissive hand.)* So unleash the irreligious, wicked Pakistani inside of you. Like those "honor killings" of your Pakistani sisters we're always reading about. *(Turns to STATE MANAGER.)* Did you read about the "honor killings" in Brescia this spring with that Pakistani girl? So barbaric.

STAGE MANAGER: *(Moves under arch.)* Over here. The arch has a crack, and unless we have more funds this thing is going to crumble like Pompei.

(DIRECTOR and STAGE MANAGER exit stage, as LUCIUS and TAMORA enter stage right, mid-sentence in discussion. LUCIUS stops, then mocks AARON with lines from Act V.)

LUCIUS: "Set him breast-deep in earth and famish him;
There let him stand and rave and cry for food.
If any one relieves or pities him,
For the offense he dies."

AARON: "So I might have your company in hell,
but to torment you with my bitter tongue."
(Reaches out a hand.) Listen, help me get the hell out of here. I came early for rehearsal and somehow I'm trapped in this position.

LUCIUS: Exactly where you should be, you Moor. Accept your fate.

AARON: I'm not a Moor, I'm Pakistani.

LUCIUS: Okay, Paki-moro. *(Turns to TAMORA.)* Did you know the word "pomodoro" comes from "pomo dei mori"? Did they teach you that in your Italian classes in Ukraine?

TAMORA: I never took Italian in the Ukraine, are you kidding? I learned Italian watching "Un Posto al Sole" as a badante with a gaggle of widows in San Giovanni in Persiceto. *(Pointing at AARON.)* But, do you mean this foreigner, buried on stage, is responsible for your mamma's pasta sauce?

LUCIUS: Don't speak ill of my mother!

AARON: You're calling me a foreigner? Ukraine isn't even in the European Union.

TAMORA: *(Bends down toward AARON at the edge of the sand box.)* Don't worry, here's something to keep that tongue sweet.

(TAMORA places pieces of candy into AARON's mouth. He smiles. TAMORA and LUCIUS move toward stage right, continue to chat. MARCUS enters from stage left, talking on cell phone, animated, but clearly concerned about surroundings. In the throes of ending a relationship, he stands on edge of the front stage toward the audience, and makes feeble attempt to cup the phone in his palm, out of hearing distance from others.)

MARCUS: It's over, sorry, but it's over. I know what I said, but you have to accept reality. It's over. We're done. *(Pause. Scoffs.)* I'm done. I got to go. We both have to get to rehearsal. I'm already at the theatre. *(Holds the phone away from his ear.)* Look, I never promised you anything, especially a passport into my country. Don't play your card of pity. You have plenty of options, including going back to your country. *(Holds the phone away from his ear again, and looks over at TAMORA and LUCIUS.)* I'm sorry. You just have to accept it. We're done.

(Flustered DIRECTOR re-enters, motions for MARCUS to get off phone.)

DIRECTOR: Off, off, off. How many times have I said no telephones on stage?

MARCUS: *(Puts phone in his pocket.)* Come on, Dad. We've haven't even started. I'm putting it away.

DIRECTOR: Not away. Out. Out of the building. I don't want it bulging in your pocket like some obscene gesture. And I'm not your father the moment you set foot on this stage. You address me as your director.

STAGE MANAGER: *(Enters and stands on edge of stage right.)* Titus just checked with his mother about his arm. She found it in the bathroom. Another 30-minute delay.

DIRECTOR: His mother? What was he doing with his severed arm in the bathroom of his mother's house?

AARON: *(Reciting.)* "And on their skins, as on the bark of trees, Have with my knife carved in Roman letters, "Let not your sorrow die, though I am dead."

TAMORA: Aren't you taking this role a little too seriously, Aaron?

AARON: Hey, I gave you a child, my dear Queen of the Goths. Just trying to be a responsible father.

TAMORA: I think this play is about revenge, not responsibility.

LUCIUS: *(Tauntingly to TAMORA.)* "Your swarthy Cimmerian doth make your honor of his body's hue."

DIRECTOR: Okay, okay. Let's rehearse the final scene from Act V, while we wait for the other actors.

(DIRECTOR claps hands, motions for MARCUS and LUCIUS to move left stage. TAMORA brushes by MARCUS on her way to stage left, gives him quick kiss on cheek. DIRECTOR shakes his head, takes seat in chair at stage left.)

MARCUS: Are you free after rehearsal?

TAMORA: Sure, if we survive this play. Remember, I'm killed and my body thrown to wild beasts in the last scene.

AARON: Can someone at least bring me a bottle of water?

DIRECTOR: My God, all you do is complain. Tell your sorrows to the stones, like Titus. Okay, everyone, let's work on this last scene and then we can let out the Moor.

(DIRECTOR gives cue to MARCUS and LUCIUS, who step to the edge of the stage, facing the audience. MARCUS places a helmet on his head, slightly covering his face.)

MARCUS: *(To LUCIUS.)* Back off a bit this time. You were over the top last time. Remember, this is my scene.

LUCIUS: Your scene? "O, pardon me; for when no friends are by, men praise themselves."

DIRECTOR: Back to where we left off last night. At the beginning of your part, Marcus: "Here's Rome's young captain, let him tell the tale. While I stand by and weep to hear him speak."

MARCUS: *(Faces audience.)*
"You sad-faced men, people and sons of Rome,
By uproar sever'd, like a flight of fowl
Scatter'd by winds and high tempestuous gusts,
O, let me teach you how to knit again
This scatter'd corn into one mutual sheaf,
These broken limbs again into one body;
Lest Rome herself be bane unto herself,
And she whom mighty kingdoms court'sy to,
Like a forlorn and desperate castaway.

(To LUCIUS.) Speak, Rome's dear friend, as erst our ancestor,
When with his solemn tongue he did discourse
To love-sick Dido's sad attending ear
The story of that baleful burning night
When subtle Greeks surprised King Priam's Troy,
Tell us what Sinon hath bewitch'd our ears,
Or who hath brought the fatal engine in
That gives our Troy, our Rome, the civil wound.
My heart is not compact of flint nor steel;
Nor can I utter all our bitter grief,
But floods of tears will drown my oratory,
And break my utterance, even in the time
When it should move you to attend me most,
Lending your kind commiseration.
Here is a captain, let him tell the tale;
Your hearts will throb and weep to hear him speak."

LUCIUS: "Then, noble auditory, be it known to you,
That cursed Chiron and Demetrius
Were they that murdered our emperor's brother;
And they it were that ravished our sister:
For their fell faults our brothers were beheaded;
Our father's tears despised, and basely cozen'd
Of that true hand that fought Rome's quarrel out,
And sent her enemies unto the grave.
Lastly, myself unkindly banished,
The gates shut on me, and turn'd weeping out,
To beg relief among Rome's enemies:
Who drown'd their enmity in my true tears.
And oped their arms to embrace me as a friend.
Alas, you know I am no vaunter, I;
My scars can witness, dumb although they are,
That my report is just and full of truth.
But, soft! methinks I do digress too much,

Citing my worthless praise: O, pardon me;
For when no friends are by, men praise themselves."

MARCUS: "Now is my turn to speak. Behold this child." *(He pauses as if trying to remember his line.)* "Behold this child:
Of this was Tamora delivered;
The issue of an irreligious Moor,
Chief architect and plotter of these woes:
The villain is alive in Titus' house."

DIRECTOR: *(Stands up, claps his hands, recites loudly.)* "The issue of an irreligious Moor, Chief architect and plotter of these woes: The villain is alive in Titus' house." *(DIRECTOR points at AARON in sandbox.)* It's the Moor, this whole tragedy is his fault. You must make it clear in these last lines. *(DIRECTOR points at the audience.)* Make them feel the horror of a Moor in our midst, the foreigner, the villain, a cancer still growing in the house. He has nearly brought down the Roman Empire. He's an irreligious, wicked Moor, for Christ's sake!

(A sudden crash backstage behind the arch halts DIRECTOR.)

DIRECTOR: Now what? I guess the Roman guards aren't going on strike, after all.

(A six-person theatre troupe dressed in Roman costumes enters single file through arch. Led by APULEIUS II, then CARACALLA who pushes back GETA, ELAGABALUS [in Syrian tunic], JULIA DOMNA and finally SEPTIMIUS SEVERUS [who remains under arch], the troupe halts at sandbox behind AARON, who cannot turn and struggles to look over his shoulder. MARCUS and LUCIUS watch in surprise from front left. Outraged DIRECTOR walks to right of sandbox. TAMORA goes to stage left and sits on edge of stage.)

AARON: Can someone tell me what's going on? Is the arch falling? I don't want to get killed.

DIRECTOR: *(To AARON.)* Be quiet. *(Turns to theatre troupe.)* Get off the stage, off the stage. What the hell are you doing, storming onto stage? Did you check in with the Stage Manager? The office is in the back.

(DIRECTOR aims finger at theatre troupe, their expressions confused as well, as they fan around AARON in disbelief. SEVERUS examines Arch, oblivious to DIRECTOR's commands. ELAGABALUS saunters around the stage, checking out each character's costume. Indifferent to the DIRECTOR, JULIA walks to right of front stage and greets audience. She tosses a handful of gold coins with her image.)

JULIA: Pietas, felicitas, pudicitia.

(As if recognizing JULIA, MARCUS exits stage left. LUCIUS remains center stage.)

DIRECTOR: Listen, you don't enter the stage in the middle of a rehearsal. Are you professionals or not? At least real Roman guards would know how to follow orders and remain back stage. Not flood the stage like a boatload of clandestines.

APULEIUS II: *(Steps in front of others and speaks with patrician accent.)* We are not Roman guards. And we are not clandestines. And we are not intruding. *(Looks back at CARACALLA, who unsheathes his sword, then at the DIRECTOR).* And before you lose your head, you might want to walk back those words and ask for an apology.

DIRECTOR: Apology? Who do you think you are?

APULEIUS II: I know who I am, as does everyone else on this stage, and the fact that you must ask should make us more concerned about your well-being than ours. What are you doing on our stage? This is our moment, not yours. This is our story.

DIRECTOR: Your stage? Your moment. Your story? *(Pauses, looking around.)* Where's the Stage Manager?

GETA: *(Steps to side of AARON, and then recognizes him as off-stage friend.)* Hey, is that you? Why are you buried in a sandbox?

AARON: Hey, Geta! Finally, someone who can get me out of here. *(AARON holds up a hand.)* Give me a lift, man. We're doing a rehearsal of Titus Andronicus.

GETA: A rehearsal of Titus Andronicus? What a coincidence! We are here to do a rehearsal as well.

AARON: I am so uncomfortable. If I don't get out of this contraption, I'm going to go beserk and really become an irreligious, wicked Moor.

(As GETA reaches down and grabs AARON's hand, CARACALLA steps up and smacks GETA, who lets go of AARON.)

CARACALLA: *(Hot-headed, to GETA.)* What are you doing? Leave that cretin there. *(GETA backs away, as CARACALLA turns to AARON.)* Pull an irreligious, wicked Moor? In Shakespeare's Titus Andronicus? Or supposedly by Shakespeare. That's one of the worst tragedies ever written. A mockery of a tragedy. And one of the most racist. I can't believe you play the role of Aaron, the evil Moor, that caricature of the black man that ravages women and Romans merely for the joy of it?

AARON: Hey, it was the only theatre role that they offered me.

CARACALLA: *(Alters voice to imitate AARON's lament.)* "Tut, I have done a thousand dreadful things!" What a psychopath. A barbarous psychopath, and a disgrace to his race. And you are a disgrace to play such a role for these people—on your knees, no less. *(CARACALLA pushes GETA away, who appears to be afraid.)* How dare you help him? We should bury the rest of his body and head.

AARON: *(Angered, attempts to get out.)* Disgrace? Let me out of this trap and I'll teach you what a disgrace means, you ignorant fool. *(He makes a pitiful swing at CARACALLA, who stands to the side.)*

CARACALLA: *(Laughs.)* That's right. What's your line? "Let fools do good, and fair men call for grace. Aaron will have his soul black like his face."

DIRECTOR: *(To AARON.)* Stay where you are. Let's get back to rehearsal. *(DIRECTOR steps before CARACALLA.)* I don't know who you are, you brute, but get off my stage. This is a work of art that has withstood centuries of criticism.

(JULIA walks across the stage and comforts GETA, and both then move toward stage right.)

APULEIUS II: *(Motions for CARACALLA to put his sword away, and then faces off with DIRECTOR.)* A gross spectacle, more like. And at the hands of an English playwright, no less, who knows nothing of the African, Arab and Greek origins of Roman civility, and mockingly conjures barbarous acts of anyone who is dark or foreign. *(He pauses and points to TAMORA).* Or Goth.

TAMORA: Excuse me? I trained an entire summer at the Royal Theatre of Shakespeare in London.

APULEIUS II: Then, why are you taking part in such a low budget production of a low brow play? Do you like being the foreign blond nymph of your swarthy Cimmerian? "Arm thy heart and fit thy thoughts. To mount aloft of thy imperial mistress, and mount her pitch."

TAMORA: I'm a trained actress, not a Taliban moralist. *(Offended, she walks to stage left.)*

APULEIUS II: *(Turns and walks to the front of the stage, as if to make his case to the audience.)* What about you, my dear friends? What have you come to see tonight? The same old tired production? The same old 14 killings, the same severed heads, the same live burials, the same cannibalism? Did you really come to see such a play? *(He pauses, and looks back at the DIRECTOR.)* And the worst: Such rape and mutilation—my God, how can you justify directing a scene that rapes and mutilates a daughter and then has her uncle arrive and deliver 25 meaningless lines as she lays bleeding? And yet, who is the chief architect and plotter of these woes? An irreligious Moor.

DIRECTOR: *(Waves his hand and walks away.)* You understand Shakespeare as well as an ignorant ...

APULEIUS II: An ignorant Moor? Is that what you wanted to say? I'm actually a Berber, from Algeria, schooled in Libya and Beirut. Not that your University of Bologna would recognize my two degrees in literature and philosophy. Instead, they offered me a fine career of washing dishes in the cafeteria.

DIRECTOR: Are you suggesting I'm racist? That I need to defend myself? How dare you. I've been doing theatre for half a century. The critics are bad enough. I don't need some tribunal for the politically correct to invade my stage now with your complaints. Take your tribunal somewhere else. Take it to the

University of Bologna for all I care. Just get off my stage.

APULEIUS II: Tribunal? No, we are here to do theatre. But, speaking of a tribunal, look how your Titus play has condemned our memory.

DIRECTOR: Your memory?

APULEIUS II: Condemned. *(Pauses, moving back toward front stage and faces audience.)* Until this theatre revives our presence again in these ruins, on this stage, we will never exists.

DIRECTOR: Well then, I'm sorry, you have the wrong theatre. We're here to interpret Shakespeare.

APULEIUS II: As are we. In fact, Titus Andronicus begins well enough. When an Emperor dies, his two sons Bassianus and Saturninus fight for power. *(APULEIUS II steps over and places his hand on CARACALLA's shoulder.)* This man you called a brute, in fact, is Bassianus in real life, though we recognize him by his nickname, Caracalla, for this Irish cloak he prefers to wear.

CARACALLA: *(Holds up cloak.)* It's still fashionable in London these days.

APULEIUS II: *(Returns near DIRECTOR.)* Where do you think your Shakespeare got his story? From the real Bassianus and his brother, Geta *(points at GETA)*, and our beloved emperor Severus *(turns and points at SEVERUS, who continues to look at arch, his back to the audience)*. His two sons are engaged in that very fight for power. And yet, your Englishman jettisons Rome's real history for acts of depravity by the Moor to feed the plebes.

(TAMORA walks toward APULEIUS II.)

TAMORA: But ... Titus Andronicus is a play, not real life.

APULEIUS II: All the world's a stage, my dear Goth queen, and all the men and women merely players. Didn't your Englishman write that? Of course, he stole that line from Petronius.

DIRECTOR: Indeed. But that doesn't mean you have a right to the stage, just because you exist. We are actors, taking part of the process of creating theatre, of giving life to stories.

APULEIUS II: But whose stories? Whose theatre? *(Stamps his foot.)* Whose stage?

(The STAGE MANAGER finally arrives, breathless, and then steps back when he sees the other theatre troupe on stage.)

STAGE MANAGER: *(To DIRECTOR.)* Who hired them? The Roman guards were not supposed to arrive until later this afternoon. We don't have the budget to take on six more extras.

DIRECTOR: *(Motions to APULEIUS II.)* Hear that? You're fired. Your place in history, or memory, as you like to say, has been denied by budget cuts. Take your trial of memory somewhere else. You've wasted enough of my time already. You've got the wrong theatre. You're free to watch like everyone else, but get out of our way now. *(DIRECTOR makes gesture of dismissal, and then motions toward LUCIUS to get back to Titus rehearsal. DIRECTOR fumes when he realizes MARCUS is not on stage.)* Marcus, where the hell is Marcus?

STAGE MANAGER: Back stage. I'll get him.

(STAGE MANAGER exits stage, as MARCUS enters, his helmet still on.)

MARCUS: *(To DIRECTOR, as he puts his phone into his pocket):* Sorry, I took the opportunity to go to the bathroom.

DIRECTOR: We've already lost too much time. Marcus, pick up where we left off.

(DIRECTOR returns to stage left, near TAMORA. As MARCUS and LUCIUS return to center stage, APULEIUS II, CARACALLA, ELAGABALUS step behind AARON, with SEVERUS remaining at the arch. JULIA and GETA are still on stage right.)

MARCUS: *(To LUCIUS.)* Doesn't the stage feel a little crowded?

LUCIUS: *(Looking at the other troupe.)* I think these characters didn't understand their cue to leave. Do you speak Arabic or whatever the Moroccans speak?

TAMORA: I know some French. *(She points at APULEIUS II and others.)* Quitter la scene.

DIRECTOR: Focus. Focus. Take off your helmet, Marcus. You're delivering a soliloquy, not marching orders. Let's continue.

(MARCUS clears his throat, removes his helmet and returns his monologue.)

MARCUS: "Now is my turn to speak. Behold this child:
Of this was Tamora delivered;
The issue of an irreligious Moor,
Chief architect and plotter of these woes:
The villain is alive in Titus' house."

JULIA: *(Walks toward center stage, and then interrupts MARCUS.)* Marcus? Behold this child—of Tamora? Who is Tamora?

MARCUS: Julia, what are you doing here?

DIRECTOR: Wait, now what?

CARACALLA: *(Steps up, pushes at MARCUS' chest, and pulls at JULIA's sleeve.)* Do you know this cretin? Who is he to you?

(Actors from both troupes eye JULIA and MARCUS, suspiciously. TAMORA stands up from her perch on stage left, looks at MARCUS, then JULIA, and makes outraged gesture.)

TAMORA: You're with her too? The hell with this. This rehearsal is a mess.

MARCUS: With her? Not exactly. *(Tamora stomps off stage.)* Let me explain.

(Long pause, as the two troupes face off, with JULIA and MARCUS in the middle.)

SEVERUS: *(Suddenly from back of stage, under the arch, his voice booms.)* This is my arch. *(Looking over his shoulder, he reads aloud.)* To the Emperor Septimius Severus, Son of Marcus, Pius, Pertinax, Pater Patriae, Parthicus Arabicus. *(He shifts back and faces the audience.)* We're not leaving. You were right, Apuleius II. This is our stage. This is our theatre. This is our moment.

(Lights fade.)

Scene 2

Scene opens with dark stage, as spotlight slowly reveals SEVERUS under the arch. The arch is now completely illuminated. He fingers part of the inscription. Then he reads aloud the inscription in Latin.

SEVERUS: *(He speaks with a Punic/foreign accent. He pronounces his name, Sheverus.)* Imperatori Caesari Lucio Septimio Marci Filio Severo Pio Pertinaci Augusto Patri Patriae Parthico Arabico et Parthico Adiabenico Ptontifici Maximo Tribunicia Potestate XI Imperatori XI XI con Suli III Proconsuli et Imperatori Caeari Marco Aurelio Lucii Filio Antonoino Augusto Pio Felici Tribunicia Potestate VI Consuli Proconsuli Patri Patriae Optimis Fortissimisque Principibus Ob Rem Publicam Restitutam Imperiumque Populi Romani Propagatum Insignibus Virtutibus Eorum Dmoi Forissque Senatus Populus Que Romanus.

(Slightly confounded, SEVERUS steps back toward AARON, still buried in his sandbox, and then motions for AARON to look behind him, which he can't. AARON shakes his head.)

AARON: Haven't you noticed I'm stuck in this contraption? I can only see what's in front of me, not the back story.

SEVERUS: Something is not right. I can't put my finger on it. But something is off on my arch.

AARON: Your arch?

(On stage right, spotlight slowly rises on figure of GETA, standing on the edge of the stage.)

GETA: Publio Septimio Lucii Filio Getae Nobilissimo. I have been removed from the arch.

(GETA disappears, as full stage lights come on. DIRECTOR is at stage left, standing next to APULEIUS II. TAMORA lounges in DIRECTOR's chair. CARACALLA and ELAGABALUS stand by ruins at stage right. STAGE MANAGER walks onto stage.)

DIRECTOR: *(To STAGE MANAGER, who looks harried.)* Wow, the arch is illuminated. Beautiful. But is that in our budget?

STAGE MANAGER: Illuminated? How did that happen? I never put any lights on the arch.

DIRECTOR: He says something's wrong with the text of the arch. Do you know what he's talking about?

STAGE MANAGER: No idea. I flunked Latin throughout school.

SEVERUS: *(Approaches center stage.)* I do. I speak Latin, Greek, Punic, Aramaic, among other languages. They built the arch right before I left for Eboracum, that is York, in English. The arch celebrated my herculean triumph over the Parthians. Both of my sons were recognized on the arch as well—the strongest princes, for having restored the State and enlarged the Empire of the Roman people by their visible strengths at home and abroad. *(SEVERUS turns to STAGE MANAGER.)* What did you do to my arch?

STAGE MANAGER: Your arch?

DIRECTOR: Wait, did you say York? I don't get it. Are you Roman or English?

SEVERUS: Lepticani.

STAGE MANAGER: Where's that, Ireland?

SEVERUS: Leptis Magna, Libya, Africa. Have you no sense of the Empire? I was the first African Emperor of Rome.

STAGE MANAGER: The first?

SEVERUS: It is not my task to educate you how many have followed in my footsteps from Africa, Syria, among other provinces, least of all the sons in my dynasty.

STAGE MANAGER: *(Dismissively, to the audience.)* Listen to him. African Emperor? Dynasty? What does he know about the arch and Latin? He can't even speak Italian well.

DIRECTOR: *(To STAGE MANAGER.)* Don't be ignorant, there was a Severian dynasty. And there is the Arch of Septimius Severus.

SEVERUS: *(Turns to the side and points at right side of arch.)* There on the right side, that's our final siege of Ctesiphon, the Parthian capital. Even Emperor Trajan had failed to defeat the Parthians. And that's me in the upper part, announcing that my son Caracalla will be co-ruler and my younger son Geta will ...

CARACALLA: *(Interrupts, stepping up to STAGE MANAGER, pushing him.)* You dare to question the Emperor, just because he has an accent? You're referring to a man who conquered lands between Persia and Egypt, and as far north as the Caledonian border. Have you not read Herodian's History of the Roman Empire? "No battles and no victories can be compared to those of Severus, and no army to the size of his army; there are no comparable uprisings among nations, or total number of campaigns, or length and speed of marches."

APULEIUS II: *(Trying to calm down CARACALLA.)* We are not just gladiators. Just as two-thirds of the grains that fed your cities came from Africa, some of the greatest shapers of your culture came from our provinces.

CARACALLA: Not to mention sugar, almonds, wheat, coffee.

APULEIUS II: *(To CARACALLA.)* Okay, they got the point.

CARACALLA: And lemons.

APULEIUS II: Enough. Please. Anyone who's been to Sicily understands how the Arabs transformed the region's cuisine. *(Turns back to DIRECTOR.)* Our lands also fed your minds. Your great Cicero's words would have never existed in our memories, if Tiro, his African slave, had not written them down in his invention of short hand. Did not Cornelius Fronto, the great Latin grammarian who shaped Roman rhetoric, tutor Marcus Aurelius? He was a Berber hailing from Numidian city of Cirta, a "Libyan of the Libyan nomads." Was not Imperial Rome's sense of humor defined by my Berber father, Apuleius, and his "Metamorphosis" from a golden ass?

AARON: *(From his sandbox.)* Asses I can understand, but Roman Emperors from Africa? I assumed all Roman Emperors were ... Roman.

APULEIUS II: Not just emperors. Africa and the Levant produced scores of governors, generals, praetorians and city prefects, popes, poets and so many playwrights. This is why you need to step aside and let us perform our play, so you may learn what your Englishman Shakespeare failed to notice in York.

AARON: I would be happy to step aside if someone would just get me out of this trap.

TAMORA: *(Suddenly speaks up, from the DIRECTOR's chair.)* So, who was his Empress, Cleopatra? Didn't Liz Taylor come from Egypt?

(STAGE MANAGER and DIRECTOR laugh. The comment somehow defuses the situation, as if the entire exchange has been a joke.)

DIRECTOR: *(Claps his hands, makes for his chair at stage left.)* Enough of the history lesson. Let's get back to our rehearsal. *(He motions for the STAGE MANAGER.)* Where the hell are Marcus and Lucius now? And shouldn't Titus, Lavinia and the others be here by now? *(He looks at his watch.)*

(JULIA enters from back stage, and stands under the arch.)

JULIA: *(Speaking in a very slow, accented Italian, trembling voice.)* I'm not from Egypt like Cleopatra. I'm from Syria, the daughter of the high Baal sun priest of Emesa.

(The stage is silent for an awkward moment. And then the STAGE MANAGER snorts out a laugh, followed by TAMORA, and finally the DIRECTOR. The other troupe looks around as if insulted and demoralized. APULEIUS II restrains CARACALLA.)

DIRECTOR: What a Circus Maximus. *(More laughter from his troupe.)* Well, thanks for the entertainment, anyway.

(MARCUS suddenly appears on stage right, on the front of the stage. The laughter quickly subsides.)

MARCUS: She is from Syria. I know that for a fact.

(The DIRECTOR's mood visibly shifts from mockery to anger. He shakes his head and walks toward MARCUS.)

DIRECTOR: Then you get rid of her, and the rest of her troupe. I'm going to check on the cast in the dressing room, and when I get back, I don't want to see a Syrian or a Libyan or an African or anyone other than a real Roman on the stage. Got it? *(DIRECTOR storms off stage.)*

TAMORA: *(Looks at MARCUS.)* He wasn't referring to Goths. I'm almost a European.

AARON: And me? Why can't I get out?

(Stage darkens, as spotlight focuses on MARCUS and JULIA, as they meet at center stage.)

MARCUS: It's not fair to trap me on the stage now with this.

JULIA: *(In broken Italian.)* Trap you? What about me? I leave this theatre, I am, how do you say, picked up by the police and arrested and sent back to the detention camp. I cannot go home. My family is at war.

MARCUS: And that's my fault?

JULIA: You promised to help me. *(She pauses, her voice breaking.)* What did you say, you marry me if necessary.

MARCUS: Oh, but I didn't mean that literally.

JULIA: Literally? What means?

MARCUS: Literally, I mean. *(He shakes his head, his voice changing in defiance.)* Jesus, you've been in this country for over a year and you still can't speak proper Italian. I can't deal with this.

(When MARCUS acts as if to leave, JULIA grabs his arm to stop him.)

JULIA: I speak four languages fluently, I'm sorry if Italian is not one. *(She pauses, as if searching for a word, and then says a line in Arabic, then Greek, then in English.)* "Don't leave me now. I need you. You said you needed me."

MARCUS: *(In English).* I did need you. That night. *(Steps away, and then looks back.)* Look, I made a mistake. I was going through a rough period. It was wonderful being together. You're so beautiful and exotic, but it was ... an aberrant affair. Nothing more. And I don't think it's fair that you are now using our affair as your passport into my country.

JULIA: Passport into your country? What do you say? I don't want passport. I want to get out your country but I can't. They took my fingerprints and now your country won't give us travel documents or work permits. I am trapped in purgatory.

MARCUS: I'm sorry, I can't help you. *(When he reaches out to console her, JULIA resists, steps away.)*

JULIA: Aberrant affair? *(She curses in Arabic.)* How do you say, you disgust me.

MARCUS: Look, I'm not the bad guy in this. I'm not the one who determines your residency status. That's a legal thing. It's bigger than me. It's too ... too much for me to consider.

JULIA: I thought you were my friend.

MARCUS: I am your friend, and I always will be. But more like a friend ... on Facebook, not someone in the way you need it.

JULIA: Facebook? Do you know what we're facing? What will happen to us?

MARCUS: Us? Look, you can't drag me into your legal affairs. You knowingly entered the country illegally. And yes, in a fit of passion I might have promised to help you with your residency status through some bogus wedding, but that was just ... just a dream.

JULIA: *(Offended, JULIA readies to leave, and then stops at the edge of the stage.)* It wasn't a dream. *(Places hands on paunch.)* Behold this child. I'm pregnant. And the child is yours. And if you leave me, our child will have no father or country.

MARCUS: Pregnant? Wait, wait. Do you have your Italian right?

JULIA: Your child.

MARCUS: A child?

JULIA: *(Long pause.)* Your child.

(Stage goes dark.)

Scene 3

Scene opens with full lights on stage. CARACALLA consoles JULIA by ruins at stage right. APULEIUS II and LUCIUS sit by AARON on sandbox. SEVERUS and STAGE MANAGER stand front left. MARCUS stands alone under arch. TAMORA sits in DIRECTOR's chair.

DIRECTOR enters from stage right, first notices CARACALLA and JULIA, then sandbox gathering, and then stops center stage.

Confounded, he calls for STAGE MANAGER, who enters, looks at the disarray on stage, and throws up his hands.

DIRECTOR: What's going on here? A picnic?

STAGE MANAGER: I have no idea. I quit. I'm not paid enough to deal with this.

(STAGE MANAGER walks off stage.)

SEVERUS: *(To DIRECTOR.)* Are you going to let your Stage Manager walk off like that? The order of your house is a measure of your success on the battlefield—or the stage. At the very least, the obligations of artists are bound by law.

DIRECTOR: Bound by law? Are you kidding me? Is your invading theatre troupe, on someone else's stage, bound by any law?

SEVERUS: Princeps legibus solutus est. Though I would add, although we are not bound by law, nevertheless we live in accordance with it.

(ELAGABALUS appears under the arch, then clasps a hand on MARCUS' shoulder.)

ELAGABALUS: My dear director, I will tell you what is happening. *(ELAGABALUS makes a burlesque entrance through the arch, greets the stage and audience. He is draped in jewels, crowned with a tiara, with makeup, and wears long Syrian tunic to his feet. He turns and addresses MARCUS.)* But first, Marcus, I must give you kudos on the theatrical quality of the breakup with Julia. Utterly ruthless, but firm, and truthful lines. Excellent acting. It reminded me, if I must say, of my fourth divorce.

APULEIUS II: To the Vestal Virgin?

ELAGABALUS: *(Looking over his shoulder.)* Oh, no, that was earlier. She could not conceive our children. They would have been so divine.

APULEIUS II: Then the male escort?

ELAGABALUS: Poor Hierocles. He was my last, and we never divorced. What the guards did to his body was unforgivable. *(Turning back to MARCUS.)* And while I admire your dramatic flair—the heartlessness of calling it an "aberrant affair" to an exotic queen was excellent—may I remind you that it was I, Elagabalus, who passed an edict that all sex acts on the Roman stage had to be real, not simulated, and therefore, a little foreplay prior to the final execution would have been more compelling.

AARON: Not sure Shakespeare needed to be reminded of that.

ELAGABALUS: *(Faces off with MARCUS.)* Nonetheless, I do think your disposal of Julia ignores her tributes. May I remind you that I divinized her during my reign as Emperor. She ruled as Mater Castrorum, Mater Augusti, Mater Caesaris, Mater Augustorum, and Mater Senatus et Patriae.

AARON: That would make for quite a Mother's Day.

ELAGABALUS: Oh, be quiet.

AARON: Not to mention her ensuing pregnancy now. *(Pauses.)* You all heard, right?

TAMORA: Pregnant? *(TAMORA pushes off the DIRECTOR's chair and stomps toward MARCUS. She points toward JULIA, who hovers by CARACALLA, who also springs to his feet.)* With whose child?

MARCUS: Well, ah ...

CARACALLA: *(To MARCUS, thumping him on the chest.)* How dare you accuse Julia of such shame. How dare you choose to spread Plautianus' blasphemous accusations of promiscuity. Do you not know how my father dealt with his betrayal?

TAMORA: *(Outraged.)* Pregnant?

CARACALLA: *(To TAMORA.)* No, his body was bludgeoned and left in the streets. *(Turning to MARCUS.)* But he suffered a worse fate. He was removed from all of the public documents and monuments, and his statues destroyed. Even the bronze statues in Leptis were melted down. His memory no longer exists. *(SEVERUS steps up and pulls an agitated CARACALLA away from MARCUS, as TAMORA walks off stage right, and as the DIRECTOR intervenes and pulls MARCUS to stage left.)*

TAMORA: *(On the edge of stage right, halts, and shouts back at MARCUS.)* If you got her pregnant, then you'd deserve such a treatment, you slime. Forget about tonight. *(She exits stage.)*

MARCUS: *(Shaking his head.)* Wait, let me explain.

SEVERUS: *(To CARACALLA.)* Hold on, son. Everyone deserves his chance to testify before we execute him. *(CARACALLA resists, then walks off stage.)*

DIRECTOR: *(Takes MARCUS to stage left.)* Son, what's going on here?

MARCUS: So, now I'm your son, on stage even. Well, sorry, it's none of your business.

DIRECTOR: Don't even start with that now. Listen, you're the one who has managed to bring your private life onto the stage. *(He points at JULIA, who sits alone in the ruins, as SEVERUS comes over by her side.)* Who the hell is she?

MARCUS: I met her at a party a couple of months ago. She's a Syrian refugee, an artist. But she's quite educated. I think she speaks every language in the Mediterranean ... except good Italian. She's performed at some of the most important theatres in the Middle East. At least that's what she told me.

DIRECTOR: I didn't ask for her curriculum vitae. I asked who she was and what she means to you. Did you get her pregnant?

MARCUS: *(Recoiling, dismisses comment with hand gesture.)* She entered the country as a clandestine and apparently falsified some documents, so now she's in trouble. Pregnancy is not the least of her problems. You know these people.

DIRECTOR: You didn't answer my question.

MARCUS: How can I answer?

DIRECTOR: With the truth.

MARCUS: How do I know what's true or false on this stage?

DIRECTOR: Is her pregnancy at least one of your problems?

MARCUS: *(Pointing at the audience.)* This is ridiculous. I'm not going to discuss this on stage, in front of them, don't you understand.

DIRECTOR: In fact, I'm trying to understand what's happening on stage, and I'm supposedly the director. Do you know any of these other people?

(MARCUS shakes his head.)

AARON: *(Suddenly speaks out, as DIRECTOR and MARCUS shift toward his position at center stage.)* I know Geta. Let's just say we have some history together and leave it at that. He's Algerian or Libyan or something North African. He's a Moor, for sure, so perhaps we could swap roles. *(He points at ELAGABALUS).* But I don't know him and don't want to know him or her or whatever.

ELAGABALUS: *(Moves toward center stage, facing the audience.)* I am Emperor Elagabalus, the High Priest of the Sun God, though some also know me as the Queen of Hierocles. *(He turns toward the DIRECTOR.)* But there is a reason you don't know me. *(He pauses, moves back toward the front stage, and then announces).* Damnatio memoriae.

DIRECTOR: Damnatio memoriae.

AARON: Damnatio memoriae? What does that mean? *(GETA suddenly storms onto stage, with a large painting in his hands.)* Geta, there you are. I was just talking about you.

GETA: Look what I found back stage.

(CARACALLA races to center stage, halts, looks at the audience.)

CARACALLA: Wait.

GETA: *(Aside CARACALLA, center stage, GETA looks defiant.)* It's one thing to knock down sculptures and deface the arch and other monuments, but I can't believe you erased me from this painting.

(CARACALLA looks nervously over his shoulder at SEVERUS, and then at JULIA. When he tries to wrestle the painting out of GETA's hand, the DIRECTOR intervenes in the scuffle. AARON shouts at CARACALLA, as APULEIUS II moves closer to the action. TAMORA enters on the edge of the stage.)

DIRECTOR: Stop, stop it, right now. *(DIRECTOR separates the two. GETA thrusts the painting into the DIRECTOR's hands. CARACALLA then violently knocks GETA to the ground. DIRECTOR looks at painting.)* This must be one of those paintings that the set designer refused to finish.

GETA: *(Climbs to his knees.)* No, it was once finished, and then destroyed.

CARACALLA: I will be the divine ruler one day.

GETA: You see, he must be stopped. Or all of us will pay. He's a dictator.

AARON: Weren't all Emperors dictators? And a few other Italian leaders, for that matter.

CARACALLA: *(Feigns a kick at GETA.)* You deserve nothing less than a dog's life.

DIRECTOR: *(Grabbing CARACALLA's arm.)* You're going to be a divine prisoner in a few minutes if you keep this up. I just might call the Carabinieri.

MARCUS: *(From stage left, as if afraid of conflict.)* Wouldn't be a bad idea.

GETA: *(Climbing to his feet.)* You have all the evidence you need in your hands. Please, I beg you. Before this play goes too far.

ELAGABALUS: At least you have evidence. They destroyed my portrait hanging in the Senate house, and my beloved Elagabalium Temple to our sun god was destroyed and left in ruins. *(He approaches CARACALLA.)* Father, they have mutilated my gifts.

CARACALLA: I'm your father?

ELAGABALUS: My mother was Julia Soaemias Bassiana.

CARACALLA: *(Looks confused.)* There were a lot of Julias.

ELAGABALUS: From Syria. The niece of your mother, Julia. When you sent away her husband as governor of Numidia.

CARACALLA: Now I remember.

ELAGABALUS: Father, I repeat, they have mutilated my gifts.

APULEIUS II: *(In a mocking voice.)* Mutilated your gifts? What about your acts of mutilations? *(APULEIUS II's laughter defuses the strained air on the stage.)* Like deflowering Vestal Virgins or circumcising yourself in a ritual? Besides, you even mutilated the coins of Macrinus—the great Emperor, a Berber born in my own Algeria—who you condemned to damnatio memoriae.

ELAGABALUS: Father, help me. This is unbearable.

CARACALLA: *(Lunges for APULEIUS II.)* How dare you slander my illegitimate son.

APULEUIS II: Not slandering, just mocking.

(APULEIUS II, ELAGABALUS, GETA, and CARACALLA, prodded by AARON, erupt into a shouting match in various languages, pushing and pulling each other in gestures of threats, until the DIRECTOR finally steps in again.)

DIRECTOR: Stop, halt, cut. *(Everyone silences, steps away from the scuffle. DIRECTOR throws up at his hands at the confusion.)* For the love of God, what is going on here?

SEVERUS: *(Steps away from Julia.)* For the love of which God? I insist on Sarapis, if you wish for me to take part in this theatrical production.

APULEIUS II: We tried to tell you in the first scene. This stage awaits a resolution. *(APULEIUS II steps center stage and pulls a script out of his costume. He hands it to the DIRECTOR, who stands with the painting, overwhelmed. APULEIUS II steps back as if leaving the script and its fate with the DIRECTOR.)* As my father Apuleius famously claimed, "familiarity breeds contempt, but rarity wins admiration." We're here to stage a play of contempt and admiration, and recover the memory of those condemned in ancient Rome—and today. It begins with the story of our mothers and fathers—our Roman and African fathers. *(He pauses again, and then turns back toward the DIRECTOR.)* All we lack is a director willing to produce the right play.

DIRECTOR: *(Paging over the script, the DIRECTOR walks toward his chair at stage left.)* Damnatio memoriae.

APULEIUS II: Memory is the real tragedy of ancient Rome, not Titus Andronicus, and a noble director like you should at least give this story a fair hearing. *(APULEIUS II walks before the audience, as if to make his case before the audience.)* Besides, Titus hasn't even shown up for rehearsal.

DIRECTOR: Who wrote this? *(He continues to thumb through the pages.)* It looks ... unfinished.

APULEIUS II: *(Bowing before the crowd.)* I did. The scaenae frons, I must admit, were lifted from the theatre in Bosra, Syria.

(Stage goes dark.)

Act II

Scene 1

Scene opens with the DIRECTOR sitting in his chair on stage left. AARON is still in his sandbox; he remains by himself. The arch remains illuminated. APULEUIS II is center stage, facing audience.

APULEIUS II: And so begins our story, in the year 158 A.D., in a town near Tripoli, where a 13-year-old Septimius Severus sits in the audience chambers of a trial, beguiled by the charges of witch craft levied against my father, Apuleius. Imagine: The greatest Latin novelist of all time, a self-proclaimed Numidian-Berber, has been charged with bewitching an older widow into marriage, to gain her fortune. *(Lowers his voice.)* As if my father needed to hoodwink anyone to gain her fortune.

LUCIUS: *(Enters from stage right, holding script.)* "What motive for resentment has Aemilianus against me, even assuming him to be correctly informed when he accuses me of magic?"

APULEIUS II: What then is the motive of these accusations? It is as clear as day to any one that envy is the sole motive. And the crime? *(Shakes his head.)* No crime. *(Spins around and points at AARON.)* This trial is not about crimes of the accused but calumnies by the accusers. Listen to Apuleius' Apologia, the triumph of comedy over the charges. For what is a trial but a theatrical production?

GETA: *(Races onto stage from under the arch.)* Wait a minute. Apuleius' Apologia? What are you talking about? You've got the wrong play—that's the story of your father, not our father, the Emperor Septimius Severus.

APULEIUS II: But, in my memory, your father was at this absurd trial, therefore the play must begin with Apuleious' story. Set the scene, as it were.

GETA: *(Respectfully motions for APULEIUS II to step aside, walks to center stage, and then turns to the audience.)* The play does not begin in North Africa but in Syria, where the young legate Septimius Severus has just taken command of the Syrian legions in the Roman army. In the land of his ancient Phoenician heritage, Severus finds himself at the fork in the road between the sacred city of Emesa and Antioch. And here, naturally, he consults the Oracle of Zeus Belos, the priest of Baal, the Sun god. The god's forecast of Severus' greatness emerges from the dramatic lines of Homer's Iliad ... for what is fate but an unfinished scene in theatre.

AARON: *(Reads from script.)* "Eyes and head like Zeus who delights in thunder. Like Ares his waist, his chest like Poseidon."

GETA: A future emperor is in our midst. And he would eventually take Julia for his wife, the daughter of the high Sun priest of Emesa, whose horoscope had declared she would marry a king.

(CARACALLA storms onto stage from stage right, pushes GETA and APULEIUS II aside and takes center stage.)

CARACALLA: Nonsense. You both have the story wrong. In my memory, the play begins in the year 193, the year of the five emperors. Working his way up the ranks from obscurity in the equestrian class, and then, thanks to an influential uncle, into the military and senate, Severus advances in rank after a plague has wiped out sizeable parts of Rome. Soon, Severus leads legions of soldiers in Pannonia.

AARON: Pannonia?

DIRECTOR: *(Stands up.)* That's today's Balkan region, but be quiet. Let him speak. Or one of them, anyway. *(Turns to center stage.)* Look, how can a play have three beginnings? You're Balkanizing the stage into chaos. *(Sits down.)*

GETA: But what if there are three versions of the same play? Which one gets to be staged? Which one is left out, while the others are remembered?

AARON: In your case, perhaps the play is written by the last man standing.

CARACALLA: *(CARACALLA unsheathes his sword, and then steps toward LUCIUS, as MARCUS enters from stage left.)* Such chaos reigned on this stage in the time of Severus. Brigands roam the countryside. And then, Emperor Commodus is murdered on New Year's eve. *(He pretends to stab and then pushes LUCIUS to the ground, as CARACALLA steps before a frightened MARCUS.)* Next, Pertinax the pretender is murdered by the Praetorian Guard. *(CARACALLA pushes MARCUS down, and steps before APULEIUS II).* Then Didius Julianus is condemned to death by the senate. *(CARACALLA pushes APULEIUS II aside, who feigns his death and falls to the ground, as CARACALLA turns, announces to the audience.)* Severus has arrived to restore order in Rome.

(SEVERUS enters the stage from the back arch. ELAGABALUS is at his side with a basket of rose petals, which he throws before SEVERUS, as he approaches center stage. He walks with a noticeable limp, suffering from gout.)

GETA: *(Steps back toward center stage.)* A bloodless victory, I must add. His march, and then his coup, was done in self-defense. He entered the gates of Rome on horseback, in civilian dress, greeted by garlands and laurel branches and the burning of incense by the people.

SEVERUS: I have come to restore order in Rome, our city in ruins, divided, unable to feed itself. I shall bring this empire back from a world that straddles its fate on the abyss, and I shall rebuild this city, starting with our crippled water system, our empty reserves of grain.

(Through a multi-media light show, the ruins return to their original structure as an illuminated Septizodium. Columns appear. Other statues and sculptures, as well as palm trees, now adorn the stage. The stage of Ancient Rome rises from the ruins.)

DIRECTOR: *(Stands up, amazed, walks through the newly illuminated Roman structures.)* How did you do that?

AARON: He sure brought this stage back from a world on the abyss.

SEVERUS: *(Pauses, steps slowly to center stage, facing off with the audience. His voice rings like a declaration.)* Free oil to all of the empire's citizens. Ten gold pieces to every Roman plebe and guard.

CARACALLA, GETA and APULEIUS II: *(Rising to his feet.)* A mari usque ad mare. Long live Severus.

CARACALLA: Behold, the Emperor. Caesar. Lucius. Septimius. Severus. Pertinax. Augustus.

GETA: Long live the son of Marcus Aurelius!

MARCUS: *(Rising to his feet.)* The son of Marcus Aurelius? I thought you said Severus was Punic, born in Libya?

SEVERUS: You understand nothing about Roman history. We inherit the past, in the same way we inherit the soil of those who have tread on this earth before us, regardless of the language from their tongue, the color of their skin, or the shape of their hands. It matters not where the seeds come from. Yet, it matters how we sow those seeds during our moment on the soil.

APULEIUS II: Listen to the "tutor of the gods."

SEVERUS: As Marcus Aurelius, the wise emperor, taught us: "For a man can neither lose the past nor the future; for how can one take from him that which is not his." So, I self-adopted myself in the family of Marcus Aurelius, as a way of preserving the imperial legacy, la familia Caesaris. *(SEVERUS steps before AARON in the sandbox, who beseeches the audience for help, as SEVERUS holds up his sword.)* But there was one more obstacle to peace in my empire.

GETA: Betrayed by his former ally who refused to recognize his claim as absolute master of the Roman Empire, Severus defeats Clodius Albinus at the Battle of Lugdunum in today's France.

CARACALLA: *(To the audience, relishing the details.)* He beheaded him, and lay his naked body on the ground and rode his horse over him, and then did the same to his wife and family.

LUCIUS: *(Rises to his feet.)* Wait a minute. Before we lose our own heads, explain something to me. I thought you get adopted by someone. Not self-adopt yourself to a deceased father. I still don't understand how Severus could be the son of Marcus Aurelius.

(CARACALLA commands GETA and APULEIUS II to drag LUCIUS him off stage. CARACALLA and MARCUS follow. DIRECTOR walks over by AARON and sits on ledge of sandbox.)

(Stage goes dark, as spotlight focuses on SEVERUS at center stage, and JULIA, as she enters from stage right. She carries an urn with both hands. She stops in front of SEVERUS and faces the audience. SEVERUS and JULIA greet each other in Greek or Aramaic, embrace, and then step away from each other, standing center stage.)

SEVERUS: *(Slumps on JULIA's shoulder, as if having difficulty standing, faces audience.)* Oh, Italy. The empire of the Roman people, eternally respected, which our forefathers obtained by their valiant courage, this empire you shamefully and disgracefully sold for silver as if it were your personal property.

JULIA: Rest now, your journey is coming to an end.

SEVERUS: Omnia fui et nihil expedit. I have been all things, and it avails me nothing. Italy has squandered all of my achievements. I conquered the deserts of Arabia, and defeated the Parthians and across Mesopotamia and Assyria. I rebuilt the Wall of Hadrian, I stretched our empire to the edges of the Caledonians—and now look how reduced this country has become. In ruins, like I had found the Hadrian Wall.

JULIA: I remember well the wall of Hadrian. Meeting with the Caledonian women.

SEVERUS: Such promiscuous beasts, the Scots.

JULIA: *(Taken aback.)* Promiscuous? The Caledonian women called it sexual freedom. I'll never forget their admonition to our ranks: "We fulfill the demands of nature in a much better way than you Roman women," they told me. "We have intercourse openly with the best men—and you allow yourselves to be seduced in secret by the worst."

SEVERUS: Such meaningless words.

JULIA: *(To the audience.)* I'm not so sure anymore.

SEVERUS: In Rome, I rebuilt the Temple of Peace, destroyed during the chaos of Commodus; I restored the Pantheon, the aqueducts of Palatine Hill. *(He pauses, counting on his fingers.)* I left this empire with a seven-year reserve of grain in the storage bins. And now, Italy, your economy in ruins, your people demoralized.

(Another light illuminates AARON and DIRECTOR, creating two sides of the stage.)

AARON: *(To DIRECTOR:)* I assume he parted the Red Sea, too?

DIRECTOR: I think he conquered it.

SEVERUS: *(To JULIA.)* How did it go wrong? I led three campaigns to retain order in my own northern Africa—and, I became the first emperor to grant Egyptians the right to enter our Roman senate. To enter Rome ... from ... *(SEVERUS points at the ruins to stage right, and then looks at JULIA, as if confused.)* Where is it? Wasn't it in front of our domus? Do you remember? How excited you were to see the mosaics lit up by the marble inlay from Africa. The statues of the gods. The seven deities of the planets—Saturn, Mars, Jupiter, Venus, Mercury, the moon, and of course, your favorite—the sun. *(JULIA smiles, shakes her head.)* Not far from our baths. I put it there at the terminus of Via Appia, facing south, to welcome our brethren coming from Africa. Ex Africa semper aliquid novi! There's always something new coming out of Africa. *(SEVERUS pauses, points at the ruins on stage.)* Are these the ruins?

JULIA: *(Holding the urn in one hand, she puts an arm around SEVERUS.)* The Septizodium. The greatest monument in the

Severan dynasty. Perhaps, you could call it the Statue of Liberty of ancient Rome. And it didn't just served to welcome travelers from Africa, it connected the empire to other septizodium in Sicily, Tunisia and Algeria, along the ancient road.

SEVERUS: Fecisti patriam diversus sis de gentibus unam.

JULIA: From different people you have made one native land.

SEVERUS: On this stage, it is in ruins now. Unknown. Forgotten. Condemned from our memory, like stones removed from our road that now leads to a treacherous sea.

JULIA: Leads to mare nostrum, and the journeys of thousands of souls lost among the waves without a direction home.

SEVERUS: Mare nostrum.

AARON: *(To DIRECTOR.)* Mare nostrum? What does that mean? Our sea? Didn't I see "Mare Nostrum" in the newspaper's headlines?

DIRECTOR: It's the name of our Italian policy to save Africans and Arabs and other refugees at sea. Over 400 were rescued last week.

AARON: Then, why is it our sea? Isn't it your sea?

SEVERUS: Mare nostrum. *(Throws up hands at Septizodium ruins.)* The gods served like a lighthouse for those on land and at sea. Destroying these temples is like trying to erase the constellations.

JULIA: The Pope and other Christians demolished it in the 16th century to build their crypts and churches. *(JULIA holds the arm of a demoralized SEVERUS.)* But the Africans, those from the Levant, all the provinces from around the world, are still entering Rome on this road beckoned by your legacy. Yet, we are now seen as clandestines.

SEVERO: Clandestines? What is that term?

AARON: *(To DIRECTOR.)* But isn't clandestine a Latin word?

DIRECTOR: Clandestinus?

JULIA: To secretly hide. Perhaps from Latin "clam."

SEVERUS: Ipsi clam consilio inito Achillam, Cesare wrote.

AARON: *(To DIRECTOR.)* What, so clandestines today means they hide us secretly, or we are secretly hiding from them?

DIRECTOR: If they need you to work, they hide you. If you need them, you hide from the police. Either way, you're still clandestines.

SEVERUS: *(To JULIA.)* Africans and Arabs, as clandestines? What drivel is that. Gens una sumus. We are one people. How can one use such terms for the people who raised this city from the ashes of the Roman Empire?

AARON: Or pick the tomatoes that feed its citizens, or care for the elderly? No secrets there.

JULIA: *(Points at DIRECTOR.)* Ask him what role we play on the stage today. Who is hiding what now? Who is hiding what secrets of your history? Who are the real clandestines?

SEVERUS: *(Slumps, shuffles toward the DIRECTOR, and then points back at arch.)* There is a reason why my arch is on this stage. I belong here.

DIRECTOR: Over 100,000 clandestines have arrived in boats this year. What are we supposed to do, invite them all onto the stage?

SEVERUS: *(Frustrated, walks back over to JULIA.)* Hopeless. I can do no more to make you understand. I can only show you the seeds that I planted in this history.

JULIA: *(Declares to the audience, holding up the urn.)* All hail the divine son of Marcus Aurelius.

SEVERUS: Soon you shall contain the man the world could not hold.

(A loud ruckus, shouting comes from off stage, stage right. DIRECTOR rises, as SEVERUS and JULIA look at each other. Shouts of threats continue.)

JULIA: Your sons are at war. They refuse to join each other's dinner tables, afraid that one might poison the other. They have broken each other's legs in chariot races. They both stake claims to the Emperor's throne. They've swaggered from Rome to Antioch to York, hobnobbing with gladiators and whores, abusing women.

(JULIA sets the urn to the floor, and attempts to hold up SEVERUS as he slumps, nearly falling to the stage.)

SEVERUS: I launched our campaign in Britannia, so far from Rome, if only to break them from their sorrowful ways. And yet, I could not subdue the Caledonians any more than I could subdue my own sons. Now it has killed me.

JULIA: *(Shouts to stage right.)* Geta, Caracalla, I need your help. Your father is dying.

(Unable to hold SEVERUS, JULIA motions for the DIRECTOR's help. He assists in placing a dying SEVERUS into his chair.)

(MARCUS is suddenly thrown on to the stage at stage right. CARACALLA and GETA follow, and when MARCUS tries to stand, an angry CARACALLA kicks him back down. CARACALLA makes a threatening gesture to MARCUS.)

CARACALLA: You don't get a woman pregnant on our watch and walk away. *(He feigns another kick at MARCUS on the ground.)* Is that how you treat your future son? What kind of father are you? What kind of country allows men to treat women in such a way?

AARON: Geta, your father.

(GETA looks over at SEVERUS, and then rushes toward the DIRECTOR's chair. Torn between her sons, JULIA hesitates, then moves to comfort MARCUS on the floor. SEVERUS cries out in pain. CARACALLA kicks MARCUS once more and then rushes to SEVERUS.)

SEVERUS: *(To CARACALLA and GETA at his side.)* Do not disagree between yourselves. Give money to the soldiers. Ignore all others.

(SEVERUS dies.)

(APULEIUS II enters through back arch.)

APULEIUS II: Long live Caracalla and Geta, joint emperors of the Roman Empire!

(GETA sees the urn on the floor, rises and picks it up. CARACALLA lets go of SEVERUS and then lunges toward GETA, and struggles to wrest it from his hands.)

APULEIUS II: *(Steps in front of AARON.)* Long live Caracalla and Geta, joint emperors of the Roman Empire! *(APULEIUS II looks around, confused, as GETA and CARACALLA continue to fight.)* No one is going to join me?

AARON: Shakespeare had it right. "The Emperor's court is like the House of Fame. The palace full of tongues, of eyes, and ears; the woods are ruthless, dreadful, deaf and dull."

JULIA: *(To MARCUS.)* My son, my sons. What is our future?

(Stage goes dark.)

Scene 2

Scene begins with light on APULEIUS II sitting on one side of AARON's sandbox, with the DIRECTOR on the other. The rest of the characters have left the stage. The arch and Septizodium remain illuminated, though the light is dimmer. Columns, other statues and sculptures, as well as palm trees, still adorn the stage, though they appear to have been knocked around.

AARON: What does it mean, metamorpheses?

APULEIUS II: To change form. Take on another identity.

AARON: Then why did your father call his work the Metamorpheses, or the Golden Ass? I assume he's still your father? Apuleius, right?

APULEIUS II: Lucius Apuleius Africanus, at least that's how the first translation in English referred to my father. It's the oldest, if not only, completed work of fiction in Latin to endure intact.

DIRECTOR: Ah, one of the seminal works in Western literature. I remember studying it for a production of The Decameron. The great picaresque adventure on the road, the Milesian episodes, the satire, the birth of Cupid and Pysche. He shattered the Latin restraint with his innovative word play, his ribald tales.

APULEIUS II: Saeva scaeva virosa ebriosa pervicax pertinax.

AARON: What does that mean?

APULEIUS II: "A fiend in a fight but not very bright, hot for crotch, wine botched, rather die than let a whim pass by—that was her."

DIRECTOR: If there had not been Apuleius, who knows if there would have been Boccaccio, Cervantes, Rabelais or Defoe.

APULEIUS II: Or Shakespeare.

DIRECTOR: *(Stands up, and walks center stage.)* I remember those early days well. We were so idealistic. We devoured the stories and plays of the masters of the stage, and then raced out to perform their works to the people. Street theatre. Open spaces. If the Ancient Greeks and Romans could fill theatres with thousands of people to grapple with the great human comedies of the day, why couldn't we do the same with the struggles of our own age? We believed that stories mattered, that plays could change the way we see the world, and our role in it. And it was up to us, like Boccaccio's own storytellers, to take our turn on stage. *(Pauses.)* It didn't work out that way.

APULEUIS II: Nor did things work out as my father had planned.

AARON: Because he had been transformed into a ... golden ass?

APULEIUS II: The narrator, yes, foiled by a plan to learn magic and transform into a bird. He goes through a series of wild journeys, tethered to such an asinine identity that everyone belittles. But he learns something—as a former Roman aristocrat, how poorly the slaves, and laborers, the foreigners, even some women, treated.

DIRECTOR: As an ignored donkey, he's able to see and hear and even experience and retell their own stories of debauchery and crime and survival. Even love. Ah, that's where theatre takes place.

AARON: Does he ever transform back to human shape, as his original self?

DIRECTOR: Of course, once he dedicates himself to the Goddess of Isis, and consumes the perfect roses.

AARON: Isis, the Goddess of ancient Egypt?

APULEIUS II: Apuleius called her the "universal mother, mistress of all the elements, primordial child of time, queen of the dead, queen of the ocean."

(Lights dim on the three at AARON's sandbox, as JULIA enters from stage right, holding CARACALLA's arm on her right, and GETA's arm on her left. They walk to center stage and then face the audience as the lights rise on them.)

JULIA: The waters are rough. We must join boats, whatever your differences, my sons. Listen to your mother. Our return from York to Rome must be united. We must enter Italy as one family.

(CARACALLA breaks free, steps away, and then JULIA relents and lets go of GETA.)

CARACALLA: The empire united, but after the deification of Severus we shall enter through separate entrances into our Roman palace. Severus' death has transformed us.

GETA: *(Points at CARACALLA.)* Mother, he has already begun to pay off the guards, to win their favor.

CARACALLA: You're lucky I didn't leave you on foreign shores.

JULIA: *(Grabs both of their arms again, her voice trembling, her Italian faltering here and there.)* You may propose to divide the earth and sea, my sons, and to cleave in two the continents at the Pontic Sea. But what about your mother? How do you propose to divide her? And how am I, a wretched woman, to rend myself in two and distribute myself between you two?

(CARACALLA and GETA break from her grip again, CARACALLA moving to stage left, and GETA moving to stage right. Lights shine again on AARON, with the DIRECTOR and APULEIUS II on either side. CARACALLA and GETA, and then JULIA slowly join others at sandbox.)

AARON: I was on the journey, too. I made it across Turkey, but then I was forced to head to Libya for boat passage to Italy. *(He turns to the DIRECTOR.)* That is why I know Geta. He and Caracalla led separate boats, but when one failed, they were forced at sea to combine their forces, if only for survival. Not unity.

(Multi-media film news clips from immigrant boats stranded at sea appear on screen or smoke in the background.)

JULIA: After we left Libya, another boat—a fisherman, perhaps—shouted at us to return, that we were traveling to our death. Very few people had lifejackets. You had to buy them from the smugglers and they were so expensive, and besides, the smugglers said the boat was safe.

AARON: We saw the people in the water. Clinging to boards, anything that would float. Even clinging to dead bodies. There was a struggle over lifejackets and I saw a man take a jacket off a woman and let her drown.

CARACALLA: *(Pointing at GETA.)* He was the worst of the smugglers.

GETA: That is a lie.

AARON: We saw how many hundreds you had stacked on the ship. Parents holding their babies. You should be prosecuted as a criminal, not given a permit to stay.

CARACALLA: Treating people like chattel.

GETA: *(Rushes to JULIA's side.)* Do not listen to them. They are no less smugglers than anyone else. It was only my misfortune to hire a boat that was untrustworthy. I didn't want this fate anymore than anyone else.

CARACALLA: Smuggler? How many children would have died, had I not brought my boat to help?

GETA: You liar.

(When CARACALLA lunges for GETA, APULEIUS II intervenes, as ELAGABALUS, LUCIUS and MARCUS run onto the stage and help break up the fight. The DIRECTOR walks center stage to console JULIA. APULEIUS II and ELAGABALUS escort CARACALLA off stage through the arch. MARCUS and LUCIUS escort GETA off stage right. Stage lights darken.)

AARON: No one should have been on that boat. You, least of all.

JULIA: *(Facing DIRECTOR, center stage.)* We had no other choice. Geta had already taken our money. He told my husband to swim to Sicily, if he was afraid.

DIRECTOR: Your husband?

JULIA: He was a gentle man. A biologist. At the University of Damascus. *(She pauses.)* He insisted I take the lifejacket. When the storm hit, the water came aboard the old boat so quick, so we crawled below deck. When the boat capsized, there was a sudden gush of water, and everything turned black. I was underwater. Then I saw a ray of light and swam until it got closer and bigger and realized it was a window. Without thinking, I climbed through it, and then was in the water.

AARON: Caracalla managed to get us ashore, but even there we were vexed. The boat crashed on the rocks outside of Vendicari, not far from Portopalo, where the Ionian Sea meets the Mediterranean. Mare Nostrum ... or rather, Mare Monstrum.

(JULIA collapses, as the DIRECTOR helps her to his chair, where she sits down. A long pause on stage, lights dimming.)

JULIA: *(Puts head in hands, weeps.)* I never saw my husband again.

DIRECTOR: I am so sorry.

JULIA: *(Looking up.)* We went in all directions. I hid in a lemon grove for days. It was just like home in Syria. And one day, for a short moment, I closed my eyes, tasted the tart pulp of the lemon and I thought I was home, and this was all a bad dream. I rose at the sound of sirens. I broke into a house and got clothes, money and then made my way to the train. I had no choice. I lost all of my possessions. But the police caught me and fingerprinted me. But one night I was able to escape. I almost made it to France, where I have a friend. But the French police stopped me on the train at the border and sent me back to Italy. I am fingerprinted, but without travel documents. Your country won't give them to me, and yet I cannot leave either. I am trapped in purgatory. And now the police are after me. I have been transformed into a criminal.

(DIRECTOR walks to center stage.)

DIRECTOR: A criminal?

(Stage goes dark.)

Scene 3

Scene opens with JULIA in the DIRECTOR's chair, comforted by the DIRECTOR. Lights on stage left. Then light slowly rises on center stage.

AARON: "And on their skins, as on the bark of trees,
Have with my knife carved in Roman letters,
'Let not your sorrow die, though I am dead.'"

DIRECTOR: *(Looking over at his shoulder at AARON.)* What are you doing?

AARON: "Oft have I digg'd up dead men from their graves,
And set them upright at their dear friends' doors,
Even when their sorrows almost were forgot ..."

DIRECTOR: *(Attempts to shield JULIA from AARON's lines.)* How dare you be so uncaring.

AARON: Uncaring? Just practicing my lines from Shakespeare. Do you know the desperation one feels to take a life jacket from another human being, as the sea devours them? There is no consolation after that, only trauma.

DIRECTOR: What did you do then?

AARON: They held us for 18 months at the Ponte Galeria detention camps for immigrants. Just outside Rome. When we first arrived, I thought it looked like a gladiator cage. But it was worse than that. It was so cold. The heaters never worked. No hot water. The filth. There was nothing to do but fight for your existence, so people fought. I was there when the Moroccans made the world news and stitched their lips together with fishing wire and sewing needles. Sewing their mouths shut was the only way to get heard.

DIRECTOR: And the others?

AARON: Geta and Caracalla managed to get out earlier somehow. They were able to make some asylum claim about the Libya war that got them released. I never saw them again until they walked on this stage.

(MARCUS enters stage right. Halts. Looks at his phone. The DIRECTOR waves him over.)

DIRECTOR: Get over here, son. This is your role, not mine.

(Checking his phone, MARCUS slowly walks across the stage, puts his phone in his pocket, and as the DIRECTOR stands stands and lets go of JULIA, who appears distraught, MARCUS crouches beside her, holding her hand. DIRECTOR looks at the couple, then AARON, then exits stage left.)

MARCUS: I'm so sorry, Julia. You've been through too much. *(JULIA looks up at MARCUS, but says nothing.)* Given your state of mind, I think you might need to look for other options for this situation. I've called a friend of mine. A doctor. He said he can do an abortion for a special rate. I'd even pay half ... or all of it, if necessary. *(JULIA sits upright, disgusted by MARCUS' comment.)*

JULIA: You think you can rip my child from me, and everything will be right? You leave me with no words.

MARCUS: I'm doing you a favor. This child could push you over the edge.

JULIA: Have you no shame?

MARCUS: *(Stands up, offended.)* Shame? For what? You think you're the only person on this planet who ever got pregnant by accident? These things happen. So, you deal with them. And then move on.

JULIA: Move on, from what? An abortion? You think I would give up my child, so you can move on ... just to leave me behind to deal with things?

(GETA enters from stage right, upset and in a rush. He goes to JULIA. MARCUS stands aside, defensively. GETA kneels before JULIA.)

GETA: *(To MARCUS.)* Leave us. Don't you think you've created enough problems on this stage?

MARCUS: Me? Speak for yourself? *(Dismissing him with a hand, MARCUS stomps off stage, through the back arch.)*

GETA: *(To JULIA.)* I'm sorry for what happened. Please believe me, it was an accident.

JULIA: Accident? Taking a sinking ship to sea? Children were on board. *(She pauses, shaking her head. She stands up and walks to center stage.)* When Severus returned to Syria for his final campaign against the Parthians, he made a second call on the oracles of Zeus Belos.

GETA: Yes, I remember.

JULIA: And do you know what the gods told him this time?

GETA: No, I don't.

JULIA: They quoted from Euripides: 'Your House will utterly perish in blood."

(GETA stands up, alarmed. APULEIUS II, ELAGABALUS, TAMORA AND LUCIUS emerge under the arch.)

GETA: Caracalla calls himself imperator destinatus. He must be stopped.

JULIA: You both wore the imperial purple at your father's procession, and pledged your unity before the senate.

(CARACALLA enters through the arch. MARCUS stands by his side. CARACALLA holds up both hands toward GETA, as if pledging peace. He places his sword on the edge of AARON's sandbox, and then faces off with GETA at center stage.)

CARACALLA: Come, let us join as a family and determine the destiny of this empire.

GETA: *(Looks suspicious.)* I don't trust you. *(He backsteps, then halts.)* You tried to poison me at the Saturnalia Festival.

CARACALLA: *(Laughs.)* You exaggerate.

GETA: *(Voice gets more desperate.)* Stay away from me. You have learned nothing from our father but an unmeasured lust of brutality.

CARACALLA: *(Holding out hand.)* Let us meet for a reconciliation. To honor our mother.

GETA: *(Takes a step back, stopping just before AARON.)* Then call off your centurions, who follow me back stage like shadows.

CARACALLA: Of course, let us meet in a gesture of diplomacy. *(As GETA finally steps forward, CARACALLA nods his approval and then points to MARCUS, who rushes to the sword on the sandbox and plunges it into GETA. MARCUS pulls the bloody sword and pushes GETA to center stage. APULEIUS II, ELAGABALUS and AARON watch, but make no attempt to intrude. TAMORA and LUCIUS walk toward MARCUS, astonished by his action.)*

CARACALLA: *(Turns and walks to the front of the stage, and appeals to the audience.)* You have witnessed this for yourself. I have escaped a dangerous plot by an evil man, who had threatened the future of our empire.

GETA: *(Stumbles toward JULIA, holding his side.)* Mother, save me. Mother, you who bore me. Mother, help.

CARACALLA: *(Breathless.)* I have staved off a ruthless attack on the emperor, and the very empire itself. Oh, how lucky we are. You understand, right?

(DIRECTOR enters from stage right. MARCUS throws the sword to the stage with a crash, as GETA falls into JULIA's lap.)

DIRECTOR: Marcus, what have you done?

ELAGABALUS: *(Steps beside AARON at center stage.)* Long live, Marcus Aurelius Septimius Bassianus Antoninus Caracalla.

APULEIUS II: *(Steps on other side of AARON.)* Remember the words of the great Emperor Marcus Aurelius: "Each thing is of like form from the everlasting and comes round again in its cycle, and that it signifies not whether a man shall look upon the same things for a hundred years or two, or for an infinity of time."

AARON: Comes around in its cycle, for sure. Was not Rome founded on an act of fraticide? Romulus taking the life of Remus?

JULIA: My son, what have they done to you?

GETA: I am dying.

CARACALLA: *(Walks to JULIA, who holds the dying, bloody GETA in her lap.)* And so the deed is done. But do not mourn. I forbid you to mourn. Do not shed a single tear for this wretch who betrayed our empire.

JULIA: *(Weeping.)* How I can not mourn, not feel my own suffering, this son who grew in my womb?

CARACALLA: This son who brought such injury to you, should never be mentioned again.

JULIA: Geta.

CARACALLA: Your suffering will be relieved. Geta will no longer exist.

JULIA: *(As GETA dies in her lap.)* He is my son.

CARACALLA: He was your son. This is a time to rejoice. *(He turns to the to the audience, in a celebratory mood.)* We shall do away with Geta's despicable existence, and erase him from our memory. Damnatio memoriae, I declare. Remove and destroy every statue, recall every coin and melt them down. Across this empire, from York to Libya to Syria and Rome, remove him from every monument. Expunge his name from the written records. *(He turns and points at GETA and JULIA.)* This man, this creature, this memory no longer exists. *(CARACALLA turns and points at the arch in the back.)* Even on this stage. I will remove his name from the arch, and replaced him with our achievements.

JULIA: Damnatio memoriae?

AARON: Damnatio memoriae to your brother?

TAMORA: Damnatio memoriae? How quickly you Africans learn from Romans.

LUCIUS: *(Walks by TAMORA's side and points at GETA.)* But he's still on stage. He's still a character.

(Picking up the famed painted wooden tondo, dated 199, of the Severus family, ELAGABALUS walks ceremoniously to the front stage, and shows it to the audience. GETA's face has been removed from the family portrait. A huge replica of the painting appears on a screen in the background.)

DIRECTOR: Isn't that the portrait the designer failed to finish?

ELABABULUS: Behold the imperial Severus family, forever etched in our memories. Severus, Julia and Caracalla.

AARON: Severus, Julia and Caracalla, the imperial family?

APULEIUS II: *(Turns and points at arch.)* Behold the Arch of Septimius Severus, anew.

(A different color light illuminates the arch and the changes on the arch's inscription, crossing out GETA, are clearly delineated. Some of the statues and sculptures on stage suddenly disappear. MARCUS steps to center stage, picks up his sword, looks at JULIA and GETA, and then exits stage right.)

(Stage goes dark.)

Act III

Scene 1

Scene opens, with the same set of the end of the last scene, with the exception of GETA's body removed from JULIA's lap. JULIA sits in chair, distraught, CARACALLA on center stage, MARCUS behind AARON to the right. DIRECTOR is at stage right. A huge replica of the Severus family painting remains on a screen in the background.

Once again picking up the famed painted wooden tondo, dated 199, of the Severus family, ELABABULUS walks ceremoniously in the same gait to the front stage, and shows it to the audience.

ELABABULUS: *(Holding the painting, repeats his same line from Act II, Scene III.)* Behold the imperial Severus family, forever etched in our memories. Severus, Julia and Caracalla.

AARON: Severus, Julia and Caracalla, the imperial family?

APULEIUS II: *(Turns and points at arch.)* Behold the Arch of Septimius Severus, anew.

(MARCUS steps to center stage, picks up his sword again, looks at JULIA and GETA, and then starts to exit stage right.)

DIRECTOR: *(To MARCUS.)* What have you done?

MARCUS: *(Stops in front of DIRECTOR, stage right.)* My role.

(APULEIUS II, ELAGABALUS follow MARCUS off stage.)

(Walking from the arch, TAMORA and LUCIUS meet the DIRECTOR on the left side of AARON, as JULIA slowly rises from her chair and walks over to CARACALLA at stage right. CARACALLA puts his arm around JULIA. Lighting is split between the two rival camps, with the rest of the stage dark.)

TAMORA: Did they just do that same scene over again, without Geta?

LUCIUS: Is it in the script?

DIRECTOR: *(Looks at script.)* I can't tell. A character's name has been redacted.

CARACALLA: *(To JULIA.)* Everything is going to be just fine. It is time to do a little house keeping in Rome.

JULIA: *(Smiling.)* Yes, I know, my Emperor. You will bring order, just like your father.

CARACALLA: And joy, and pleasure. I have ordered the construction of the largest thermal baths in Rome, as my father had always dreamed. Except, instead of Severus Baths, we will naturally call them the Thermae Antoninianae or simply, the Baths of Caracalla.

JULIA: Certainly, my Emperor.

CARACALLA: *(Excitedly.)* Romans from every class, no matter their standing, shall be able to appreciate these baths. Imagine the sculptures and statues—to Hercules, first of all, as homage to father. I want the baths to be massive, luxurious, and so exquisite to engender a sense of wonder in my reign, and a sense of unity among our people. I even want a library in the baths, in multiple languages.

(A multi-media light show depicts the lavish surroundings and sculptures of the Baths of Caracalla around the stage.)

JULIA: Your father loved the playful mosaics done by North African artists.

CARACALLA: Therefore, we shall have them. We will spare nothing. Over 250 marble columns. Thousands of sculptures. Bronze mirrors. And enough mosaics to pave the road back to Leptis Magna ... and your own Emesa.

JULIA: Yes, my Emperor. Yes. Back to Syria.

(Lights shift toward TAMORA, LUCIUS and the DIRECTOR.)

TAMORA: This is disgusting. I'm absolutely disgusted.

LUCIUS: This guy is slicker than Marcus.

DIRECTOR: *(Looks at LUCIUS, slightly taken aback and then points at DIRECTOR's chair.)* What happened to the body? Geta's gone.

TAMORA: This is disgusting. I think I'm going to vomit. This woman just lost her husband, and just watched her son die, and now she's coddling that clandestine as if he's some ... prince charming. He's a snake.

LUCIUS: Now you understand why Severus is the name of the evil Severus Piton character in Harry Potter.

TAMORA: *(Suddenly understanding.)* Oh, my God. You're right.

DIRECTOR: *(Starts to walk around images of sculptures in Baths of Caracalla.)* But look at these sculptures. This is amazing.

These baths have shaped the design of so many public buildings around the modern world. You can't help but be impressed. You can't deny the imprint Caracalla made on the world with his vision.

TAMORA: *(Charges out to center stage.)* But, at what cost? Are you going to lose your head and frolic amid the beauty, and simply forget the madman behind all of this?

AARON: I thought you said you were a trained actress, not a Taliban moralist. Or did I get that translation wrong?

TAMORA: *(Spinning around, points a finger at JULIA.)* She's a whore.

LUCIUS: Oh, that might be going too far.

TAMORA: I bet she even sleeps with him.

AARON: Oh, listen to you. Or, listen to Shakespeare rather. "She is a woman, therefore she may be woo'd. She is a woman, therefore may be won." Of course, he went on to have Lavinia raped and dismembered, if you remember. At least Julia is still adored, untouched, in one piece.

TAMORA: I'm just saying, her role is shameless. How can the mother, the queen of the seas—what were all of her titles?—how can a mother deny the memory of her slain son?

LUCIUS: Damnatio memoriae is thicker than blood.

AARON: Caracalla just anointed her Mater Senatus et Patriae.

DIRECTOR: But, what if that is the role she's been given to play?

TAMORA: Or rather, the role she has chosen to play. What if she has made up all of her story. The tragic boat trip and the death of her husband? The lemon grove? The train to France? *(TAMORA pauses, and steps closer to CARACALLA and JULIA, as the two lights on stage entwine into one.)* What if she's lying about her pregnancy, just to trap Marcus? It wouldn't be the first time for a woman to do that. Especially a clandestine.

AARON: Why would she lie about Marcus?

TAMORA: Oh, poor Marcus. He's probably a victim of a phony pregnancy plot.

(JULIA rushes and then lunges toward TAMORA, tearing her blouse.)

JULIA: *(Shouts, hitting TAMORA.)* The victim? Marcus, the victim? You are evil.

(LUCIUS pulls JULIA away from TAMORA, whose hair comes undone.)

TAMORA: You belong back in that detention camp. You are a criminal. *(JULIA wrestles away from LUCIUS and staggers back toward stage left.)* I come from a broken country too. It's not that you Arabs and Africans are the only ones that are suffering. I don't bring my country's baggage onto the stage. I don't play the part of a victim and, believe me, I could. I am just trying to fit into this country, to speak their language. Not like you Arabs and Africans who refuse to adapt and demand that we make space for you on the stage.

DIRECTOR: That's enough.

AARON: How quickly the victim becomes the criminal.

CARACALLA: *(Goes to center stage.)* How dare you accuse my mother of such a blasphemy. Do you think you are better than she, just because your hair is blonde, and you speak a better Italian? Where are you from, again? Ukraine? Ukraine! That's even beyond the bounds of the Goths, the destroyers of the Roman Empire. Your blood flows east, toward Asia. You dare to belittle a woman whose family and soil were inseparable from the Roman Empire for more than two millennia? How dare you act as if you are above reproach while you condemn this woman, merely because she comes from the South? From Syria?

TAMORA: Her Syrian roots are the only fact we know about her. The rest is part of the play. There is nothing to hide about my persona on stage. I have a passport to prove it.

JULIA: *(Stammers, shakes her head.)* I am ... but the war ...

DIRECTOR: *(Approaches TAMORA.)* Show some mercy, for Christ's sake.

TAMORA: *(Points at CARACALLA.)* Mercy? Like him? Like her?

(DIRECTOR separates groups on stage, TAMORA, LUCIUS to the left and CARACALLA and JULIA to the right. A long awkward pause on the stage, as if all characters are unsure of the next lines.)

AARON: "O, why should wrath be mute, and fury dumb?"

DIRECTOR: That's the wrong play.

CARACALLA: *(Suddenly steps forward and addresses the audience.)* From this moment forward, I declare the Constitutio Antoniniana shall be the law of the empire. As of 212 A.D., all free men in the Roman Empire are now citizens of the Roman Empire. And all free women shall have the same rights as Roman women. The edict is passed. It is done.

JULIA: *(Steps to the front stage, facing the audience and hugs CARACALLA.)* Caracalla, can it be true? All free men in the Roman Empire are now citizens, and free women have the same rights as Roman women?

CARACALLA: Across the Empire. East to West. From the deserts of Africa to the wall of Hadrian.

TAMORA: That's absurd. All free men in the Roman Empire had citizenship, and all women shared the same rights, no matter their origin? How could he do that? That would have opened the borders of the Roman Empire to everyone.

LUCIUS: He is emperor. Or was emperor.

TAMORA: It still doesn't make it right.

DIRECTOR: Right? It doesn't have to be right. This is history. You can't just deny it because you disagree with it. It happened. It was a fact in the Roman Empire.

TAMORA: It wasn't a fact on this stage until just now.

AARON: Does that mean that I'm a citizen now?

LUCIUS: You? Then what about the millions of foreign nationals living in Italy?

TAMORA: He's referring to the Roman Empire.

(TAMORA and LUCIUS shake their heads and exit under the arch.

MARCUS *enters from stage left, sits down in the DIRECTOR's chair, looking at his telephone.)*

AARON: *(To DIRECTOR, who sits by AARON's side.)* Why can't I be a citizen?

DIRECTOR: That's a good question.

(Lights dim on stage, as spotlight focuses on JULIA and CARACALLA on stage right, and MARCUS on stage left.)

JULIA: *(Holding her paunch.)* My son.

CARACALLA: *(Assuming JULIA is referring to him.)* Yes, mother.

MARCUS: Sorry to spoil the parade, but that law no longer exists in the Roman Empire—or Italy, rather.

(Stage goes dark.)

Scene 2

Scene opens lights on MARCUS and DIRECTOR, who stand stage right by ruins. On stage left, in dark, JULIA sits in DIRECTOR's chair, with CARACALLA by her side. AARON remains in his box.

DIRECTOR: *(To MARCUS, who makes gestures at the DIRECTOR.)* What? What do you want to say?

MARCUS: *(Shakes head.)* Nothing.

DIRECTOR: Really? Look, son, don't play games with me. I know you. Off and on the stage.

MARCUS: You think so?

DIRECTOR: Well, I didn't know the part about Julia. Your affair.

MARCUS: There is no "part." There was no affair. It was just ... just. I mean, can't we just erase that little memory and move on?

DIRECTOR: A little damnatio memoriae? That would be convenient. I've got about a thousand little memories I'd like to erase—starting with some bad performances.

MARCUS: Look, if you hadn't allowed this troupe to come on stage and do their play, then none of this would have ever happened. No one would have known anything. Life would have gone on as before.

DIRECTOR: Your life, perhaps. What about the others, like Julia?

MARCUS: Oh, you don't get it, Dad. You're only making a big deal about Julia, because she came on to your stage and told her story. If I had only mentioned her in passing, mentioned having a night out with her like all of the other women I've known, you wouldn't have given it a second thought. She'd be gone. Nameless. Maybe a small news story, but one that is forgotten the next day with the next news. Either way, she would have been out of my life. Out of your memory. (He pauses.) Like she should be now.

(Stage lights now illuminate JULIA in chair.)

DIRECTOR: But she is here. You're denying an important story in your life, only because it doesn't suit you. And that's wrong. I must admit, her story—or their play, rather—has forced me to rethink what we're doing on the stage. Or rather, what stories and plays we bring on the stage.

MARCUS: Or choose not to bring on stage.

DIRECTOR: *(Pauses, walks to center stage.)* Or why we take the stage, in the first place. *(Motions at the illuminated Roman ruins, columns.)* This is why we're here. This is why I wanted to be an actor and director. To create something so compelling, so astonishing ... so death-defying. Marcus, don't you see? There's a presence in these ruins. A presence that gives life to the theatre. But that presence has to be conjured. Like little pieces of the human experience that we tranform on the stage into new stories. *(DIRECTOR walks over to headless statue, reaches down and picks up head and attempts to balance it on the broken statue, but fails. He holds the head in front of him.)* That's the beautiful challenge of the theatre. And that's the challenge this new troupe is bringing to the stage. My God, Marcus, for the first time in years, I feel like we've been presented with a play that can reinvigorate this stage, this theatre. And ourselves.

MARCUS: But what if those pieces don't fit who we are, or what our theatre represents? What about your own legacy?

DIRECTOR: Exactly. What kind of legacy is our theatre leaving behind, and who has the role or right to define that legacy. You? Me? *(Points at the audience.)* Them. Severus made me wonder about my own legacy, how I'll be remembered. By them. *(Turns to MARCUS.)* And you. Son, I've been directing plays for nearly a half century. I've never felt more displaced. Do you know how it feels to stage a production of an old play that you feel in your bones, and then receive the same half-hearted applause from the audience, and know the minute you walk off that stage you will be forgotten, as if you never performed?

MARCUS: *(Stifling a laugh.)* Damnatio memoriae of a different sort.

DIRECTOR: It's not a joke.

MARCUS: You're worried about being forgotten? Really? Don't worry, I'll construct a statue in your memory and place it in front of the theatre. And even hire someone to wash off the graffiti now and then.

DIRECTOR: *(Hands sculpture head to MARCUS.)* I'm not talking about a statue. I'm talking about keeping the presence of the past alive on stage.

(Offended by MARCUS, DIRECTOR exits stage right, as CARACALLA, ELAGABALUS, TAMORA and LUCIUS enter stage from the beneath the arch, mid-way in a sentence, and make their way to center stage. MARCUS steps to the edge of stage right.)

TAMORA: So, you're saying you should have a right to citizenship, just because you're born on this soil?

LUCIUS: Yes, it's called jus soli, in Latin.

TAMORA: Even if your parents, or the mother giving birth, aren't citizens of that soil? That's like giving a boat a right to dock, just because it washed ashore.

CARACALLA: That's a false analogy. A baby is given birth on land. He or she doesn't float ashore like flotsam.

TAMORA: But the mother has.

CARACALLA: Go ahead, mock Roman Law. Jus soli has been on the books for two thousand years. The Constitutio Antoniniana is based on jus soli.

TAMORA: I'm only saying that it makes more sense to grant a child citizenship if the birth parents are from that country.

LUCIUS: That's jus sanguinis. It was also a part of Roman Law. And that part of the law still exists today. The grandson of a Sicilian immigrant in the United States, for example, has the right to citizenship, even if he has never set a foot on Italian land.

AARON: And those children born every year to non-native parents in Italy? What happens to them?

LUCIUS: They have to wait until they're 18, and then they can apply for citizenship.

ELAGABALUS: But I became an emperor at the age of 14. What am I supposed to do?

TAMORA: So, for 18 years, what are they?

LUCIUS: Extracomunitari. Foreigners in the land of their birth.

TAMORA: *(Turns toward JULIA.)* By no fault of their own. The children are victims of their parents.

(JULIA puts her hands to her face. CARACALLA walks over and comforts her.)

CARACALLA: Don't despair. My edict will stand. I will protect you and your child.

TAMORA: She could always have the child, and then give it up for adoption to an Italian family.

AARON: What are you talking about? Her child's father is an Italian. So the child will have the right to citizenship, no matter what. Right, Marcus?

MARCUS: Absolutely not. (*He puts down sculpture head and exits the stage.*)

ELAGABALUS: So cruel. And so true to his character.

LUCIUS: It's hard to imagine, but I read recently where one million minors born to foreigners live in Italy now.

TAMORA: My God, what will Italy look like in a generation?

AARON: The Roman Empire perhaps?

(*APULEIUS II appears under the arch, frantic, out of breath.*)

APULEIUS II: Caracalla, Elagabalus, come here, at once. You need to get off stage. (*Adds another line in Arabic.*) Hurry.

(*ELAGABALUS rushes off, as CARACALLA looks at JULIA, then runs and exits through the back arch with APULEIUS II and ELAGABALUS. TAMORA and LUCIUS move center stage, as the DIRECTOR enters from stage right. DIRECTOR looks shocked.*)

LUCIUS: They left the stage. That was easy.

TAMORA: What's wrong?

DIRECTOR: My son, my son, I can't believe what he just did. How could I have let this happen on my stage?

(Stage slowly goes dark, as spotlight focuses on AARON.)

AARON: "I have done a thousand dreadful things
As willingly as one would kill a fly,
And nothing grieves me heartily indeed
But that I cannot do ten thousand more."

(Stage goes dark.)

Scene 3

Scene opens with lights on JULIA, standing on stage left. Lights still illuminate Roman ruins, columns, sculptures, though now a red light illuminates the arch. APULEIUS II stands under the arch.

JULIA: *(Faces audience. Speaks two lines in Arabic.)* Imagine being on the most important theatre stage in your own country, the walls of the theatre shaking as bombs fall nearby. The ceiling crumbles. The audience rises to leave, as you hear the final lines of your Roman Emperor Cesar, in my role as Cleopatra: "And so, to the end of history, murder shall breed murder, always in the name of right and honor and peace, until the gods are tired of blood and create a race that can understand." *(She pauses.)* How I could ever imagine living without my child? My journey has been too painful. I have lost too much. And for why, I'll never know. I didn't start the war in my country. I didn't ask to leave. I never intended to take the stage in this country. This is not the role I wanted. This is not the memory I chose.

APULEIUS II: *(Steps in front of arch, walks to center stage.)* "And so this woman," as the great historian Cassius Dio wrote, "sprung from the people and raised to high station, who had lived during her husband's reign in great unhappiness, who had beheld her younger son slain in her own bosom, and had always from first to last borne ill will toward her elder son while he lived, and finally, had receiving tidings of his assassination, fell from power during her lifetime and thereupon she destroyed herself. Hence no one could, in the light of her career, regard as happy each and all who attain great power, unless some genuine and unalloyed pleasure in life and unmixed and lasting good fortune is theirs. This, then, was the fate of Julia."

(Hearing a scuffle off stage, APULEUIS II turns and exits stage left, leaving behind JULIA. Shouts continue from back stage. JULIA stares at the audience.)

(CARABINIERE officer enters from stage right. He looks off stage.)

CARABINIERE: Is that her?

MARCUS: *(Enters from stage right.)* Yes. That is she.

(TAMORA, LUCIUS and DIRECTOR rush on to stage from under the arch, as the CARABINIERE approaches JULIA, takes her arm.)

CARABINIERE: Show me your documents.

JULIA: *(Reaching into her pocket, she takes out some gold coins and throws them to the audience.)* Pietas, felicitas, pudicitia.

CARABINIERE: I said, show me your documents.

TAMORA: *(To LUCIUS.)* Aren't you going to do something?

LUCIUS: What can I do? Marcus called the Carabinieri and reported her.

DIRECTOR: What are you doing on my stage?

(When DIRECTOR starts to confront the CARABINIERE, LUCIUS holds him back.)

CARABINIERE: *(Squeezes JULIA's arm and she screams loudly.)* Documents. If you have no documents, you must come with me.

JULIA: *(Struggling, beseeches audience.)* Help me, someone help me. Is there no one in this theatre who will help me?

(Long pause, as all characters face the audience.)

DIRECTOR: *(Trying to break free of the LUCIUS' hold.)* Stop, this part of the play must stop now.

AARON: I did 18 months at Ponte Galeria.

TAMORA: I can't watch this. *(She exits the stage.)*

(LUCIUS holds back the DIRECTOR, who attempts to help, as the CARABINIERE begins to take JULIA off stage. JULIA continues to scream and plead with the audience. Her scarf falls to the stage.)

DIRECTOR: No, let her go!

LUCIUS: It's not fair. It's not right. This is disgusting. You have allowed the wrong people on your stage.

(Stunned DIRECTOR walks to AARON's sandbox and sits down. MARCUS enters from stage left.)

MARCUS: It's the law.

(Full lights on stage. MARCUS walks to center stage, looking at the

audience. The lights illuminating the Septizodium and ruins turn off. All of the sculptures, statues and palm trees disappear. The light on the arch turns off.)

AARON: Maybe Shakespeare was right? "All the water in the ocean, can never turn the swan's black legs to white."

DIRECTOR: I can't believe it. They're gone now. They have been condemned from our stage. *(Puts his heads in his hands.)*

LUCIUS: *(Walks toward MARCUS at center stage, at a loss for what to do.)* So, now what?

(Long pause on stage. MARCUS finally points to the audience.)

MARCUS: *(Claps hands, looks at his watch.)* So, now, we get back to work. Let's see, Act V, right? Last scene. Cue to you, Lucius. "Give sentence on this execrable wretch, that hath been breeder of these dire events."

LUCIUS: *(Steps center stage, aside MARCUS.)*
"Set him breast-deep in earth, and famish him;
There let him stand, and rave, and cry for food;
If any one relieves or pities him,
For the offence he dies. This is our doom:
Some stay to see him fasten'd in the earth."

AARON: *(Hesitant.)*
"O, why should wrath be mute, and fury dumb?
I am no baby, I, that with base prayers
I should repent the evils I have done:
Ten thousand worse than ever yet I did
Would I perform, if I might have my will;
If one good deed in all my life I did,
I do repent it from my very soul."

LUCIUS: *(Looks at MARCUS, who cover his face with his hand and begins to weep, then at audience.)*
"Some loving friends convey the emperor hence,
And give him burial in his father's grave:
My father and Lavinia shall forthwith
Be closed in our household's monument.
As for that heinous tiger, Tamora,
No funeral rite, nor man m mourning weeds,
No mournful bell shall ring her burial;
But throw her forth to beasts and birds of prey:
Her life was beast-like, and devoid of pity;
And, being so, shall have like want of pity.
See justice done on Aaron, that damn'd Moor,
By whom our heavy haps had their beginning:
Then, afterwards, to order well the state,
That like events may ne'er it ruinate."

(LUCIUS walks off stage. MARCUS looks back at DIRECTOR, then the audience, then exits the stage. DIRECTOR stands up and bends over to help AARON.)

DIRECTOR: Here, let me get you out of that contraption.

AARON: *(Shakes head.)* No. I will do it myself. *(He unlatches the lock on the container, throws the key to the ground with a bang, and then looks at the audience.)* I should have done this a long time ago. This is the last time you'll ever see me on this stage.

(AARON walks off stage. DIRECTOR bends down and picks up key, puts it in his pocket. Looks at the stage. Walks over and picks up JULIA's scarf and puts it in his pocket.)

(Stage slowly goes dark, with the last light remaining on the DIRECTOR and the arch, as APULEIUS II, CARACALLA and

ElAGABALUS peek out and then re-emerge under the arch, their arms crossed, and look at audience.)

DIRECTOR: *(To APULEIUS II, CARACALLA and ElAGABALUS.)* I will see you tomorrow at five o'clock sharp. Rehearsal starts at 5:15. Don't even think about arriving late.

DIRECTOR: *(Looks at the audience, then exits right.)*

(Stage goes dark.)

(Curtains close.)

Damnatio Memoriae

una commedia

Nota Introduttiva

La prima volta che mi sono trovato sotto l'Arco di Settimio Severo ero un turista americano. Venticinque anni dopo, in occasione di un'altra visita, ho riguardato questo luogo come fosse un palcoscenico internazionale. Il palcoscenico di Roma Antica. Durante l'emergenza immigrazione di questi ultimi vent'anni. Due compagnie teatrali che si scontrano—una italiana, l'altra composta da immigrati. Due versioni del ruolo di Aronne il Moro dal Tito Andronico di Shakespeare. Due visioni della storia dimenticata dei "Mori" di oggi e dell'influenza degli africani e degli arabi nella storia dell'Antica Roma. Mentre le culture di questi popoli si scontrano, una nuova commedia prende forma sotto l'Arco, un viaggio nell'Italia e nel Mar Mediterraneo odierni che sul palcoscenico unisce popoli di tutto il mondo.

Una versione precedente di questa visione teatrale, la cui stesura risale al 1989, fu scritta sugli Appennini in una casa di amici non troppo lontana da Bologna. Volevo scrivere una commedia multilingue sui nuovi immigrati, sui venditori ambulanti africani, sempre senza nome, i bistrattati "vu cumprà", che ormai incontravo quotidianamente per le strade delle città. Mi chiedevo: un palcoscenico può essere uno spazio creativo e nello stesso tempo un rifugio e un luogo di riconciliazione? Può essere un contesto in cui si possa dar voce alle storie degli immigrati attraverso una narrazione storica?

Quelli erano giorni intensi per l'Italia. Quell'estate, dopo l'omicidio del rifugiato sudafricano Jerry Essan Masslo nei campi di pomodori del meridione per mano di criminali locali, migliaia d'italiani si erano riversati nelle strade di Roma per rivendicare i diritti civili degli immigrati. Da paese di emigranti l'Italia in poco tempo stava diventando un paese di destinazione di migranti. La nazione non aveva ancora sviluppato una prospettiva chiara della tolleranza etnica e iniziava a cercare un modo per convivere con questa nuova realtà.

Venticinque anni dopo, tornando a Roma e ripercorrendo i miei passi, ho capito come i migranti di oggi continuino a percorrere la via Appia, dove un tempo il misterioso Settizonio eretto dall'imperatore libico Settimio Severo dava il benvenuto ai viaggiatori provenienti dall'Africa. Del Settizonio non c'è più traccia naturalmente; prima della sua demolizione totale, le sue antiche pietre furono usate per erigere nuovi monumenti e disperse in tutti gli angoli della Città Eterna come storie in frantumi. L'Arco di Settimio Severo però è rimasto.

Nel 1990, durante il discorso di accettazione del Premio Nobel, lo scrittore messicano Octavio Paz invocava la "presenza" del passato nel suo mondo antico. "Il Messico precolombiano con i suoi templi e i suoi dèi è un ammasso di rovine, ma lo spirito che animò questo mondo non è morto. Ci parla in un linguaggio cifrato di miti, leggende, forme di convivenza, arti popolari, costumi". Per Octavio Paz, essere uno scrittore messicano significava "ascoltare quello che ci dice quel presente, quella presenza".

La presenza del passato dell'antica Roma può essere potente ma anche minacciosa. Negli anni '90 il dittatore libico Muammar Gaddafi rimosse in maniera teatrale l'antica statua bronzea di Severo che si trovava in Piazza Verde (oggi Piazza dei Martiri) a Tripoli e che serviva da luogo di raduno per i gruppi d'opposizione.

Gaddafi non era il primo dittatore a condannare la Storia, specialmente quella del tempo di Severo, la cui dinastia—insieme alla famiglia siriana della sua consorte Giulia Domna—governò l'impero romano dal 193 al 235 durante uno straordinario periodo di espansione.

Gli antichi romani chiamavano "damnatio memoriae" la condanna della memoria e dell'esistenza di una persona che un nuovo imperatore considerava sgradevole e il relativo atto di rimozione del suo nome e di qualsiasi effige che lo raffigurasse da ogni scritto e da ogni monumento esistente. Questo accadde a Geta, il figlio di Severo, che fu assassinato brutalmente dai complici di Caracalla, il suo invidioso fratello, quando questi salì al potere dopo una lotta fratricida per assicurarsi il trono: il nome di Geta fu cancellato dall'Arco di Settimio Severo. La sua faccia scomparse dal famoso dipinto su tondo ligneo, datato 199, della famiglia dei Severi.

Mi chiedevo: Se Geta ritornasse sul palcoscenico, con le pietre censurate in mano, e chiedesse di essere reinserito nella nostra memoria storica? Che storie non narrate impareremmo sulla sua tragica dinastia, fondata da un padre libico e da una madre siriana, e su come influenzò la cultura dell'antica Roma?

Il teatro è il luogo ideale per questo genere di "timebend", come invocava Arthur Miller nelle sue memorie, dove il passato e il presente si parlano vicendevolmente nella lingua della memoria.

Circa duemila anni dopo, quest'eredità africana e medio orientale è stata messa in ombra dall'emergenza immigrazione che non ha precedenti in Italia. Nel 2014 più di 140.000 rifugiati e migranti, principalmente siriani e africani, si sono imbarcati nei porti libici di Severo per intraprendere il pericoloso viaggio attraverso il "mare nostrum" dell'antica Roma. Dopo più di 3.000 morti nel 2014, l'International Organization for Migration ha dichiarato questo tratto di mare il percorso più mortale del mondo.

L'antica tradizione della migrazione non conosce frontiere naturalmente e queste tragedie non hanno luogo unicamente nel Mediterraneo. Una persona su sette nel mondo è emigrata dal suo paese d'origine; migliaia di persone muoiono annualmente intraprendendo il viaggio dall'America Centrale e dal Messico verso gli Stati Uniti, dall'Indonesia all'Australia, e dal deserto del Sahara all'Africa del Nord.

Dopo un catastrofico incidente al largo dell'isola di Lampedusa che ha provocato 366 morti nel 2013, per un breve periodo Mare Nostrum è diventato il nome della politica assistenza ai rifugiati in mare, eliminata nel 2014 nonostante la preoccupazione destata dalla situazione a livello mondiale. I rifugiati sono definiti "clandestini", un termine che non esisteva ai tempi di Severo.

Dopo essere tornato a Bologna nel 2013, ho incontrato il regista Guido Ferrarini che nel 1974 creò Teatroperto sulla scia del movimento del "Nuovo Teatro Popolare". Guido Ferrarini condivide il senso d'urgenza riguardo alla necessità di aprire il sipario sull'esperienza vissuta dagli immigrati—esperienza che spesso si perde negli interminabili dibattiti politici—e di usare il palcoscenico per dare voce agli immigrati dell'antica Roma e dell'Italia di oggi.

"Con questo progetto di arti teatrali", mi ha detto Ferrarini, stiamo toccando uno dei temi più importanti, interessanti e ineludibili dei nostri tempi: l'integrazione dei popoli. Questo processo è inevitabile e il nostro ruolo è quello di reintrodurre nel teatro quel valore che ha perduto: quello delle sfide sui temi scottanti dei problemi sociali, come quello dell'immigrazione, o meglio, la migrazione delle persone, dei popoli, sulla terra".

Nel suo romanzo, *Il Libro del Riso e dell'Oblio,* l'autore ceco Milan Kundera scrisse che "la lotta dell'uomo contro il potere è la lotta della memoria contro l'oblio". *Damnatio Memoriae* emerge dal nostro sforzo di recuperare il passato e di scoprire la sua presenza nella realtà di oggi.

In *Damnatio Memoriae* apriamo il sipario con Shakespeare e con il suo ritratto di "Aronne il Moro", tratto dalla sua cruenta tragedia *Tito Andronico* ambientata nella Roma antica. Portiamo sul palco la sfida storica di Severo, che morì in Inghilterra, nella York di oggi, durante una campagna militare intrapresa per estendere l'Impero Romano verso i confini con la Scozia. Suo figlio, poi diventato l'imperatore Caracalla, promulgò la

Costituzione Antoniniana che garantiva la cittadinanza a tutti gli uomini liberi dell'impero.

Quanto è accaduto al diritto di cittadinanza oggi definisce il nostro dramma sul palco. Dal conflitto tra due compagnie di teatro nasce una nuova commedia che intreccia le storie degli attori e dei loro conflitti antichi e moderni sul diritto di nascita, la cittadinanza, il conflitto familiare, la paternità e la maternità, la vendetta, la redenzione e anche l'amore. Una commedia che ci fa riflettere ancora dal palcoscenico dell'antica Roma: *Fecisti patriam diversis de gentibus unam*. "Di genti diverse hai fatto una sola patria".

Jeff Biggers
Roma, Italia

Personaggi

REGISTA

DIRETTORE DI SCENA

CARABINIERE

Personaggi del *Titus Andronicus*

ARONNE (il moro, amato da Tamora)

MARCO (fratello di Tito Andronico, tribune della plebe)

LUCIO (figlio di Tito)

TAMORA (regina dei Goti)

Compagnia Teatrale dei Severi

SETTIMIO SEVERO (imperatore romano, di Leptis Magna, Libia)

GIULIA DOMNA (imperatrice romana, della Siria)

APULEIO II (figlio di Apuleio, di Madaura, Algeria)

CARACALLA (figlio di Severo/Giulia, imperatore romano)

GETA (figlio di Severo/Giulia, co-imperatore romano)

ELIOGABALO (imperatore romano, l'alto sarcerdote del dio sole di Emesa, Siria, figlio illegittimo di Caracalla)

Atto I

Scena 1

La scena: il sipario si apre su una scena del Titus Andronicus durante una prova. Sullo sfondo un teatro romano e a destra del palco rovine di una torre sconosciuta. Sempre sullo sfondo, al centro, un arco. Al centro del palcoscenico una sabbiera.

La scena di apre sul palcoscenico buio. Le luci si accendono lentamente su ARONNE IL MORO che, sotterrato nella sabbia fino al torace, recita il monologo dall'Atto V, Scena 1.

ARONNE: "Sì, di non averne fatte mille in più.
E maledico il giorno - anche se penso
sian pochi i giorni che ho da maledire -,
in cui non ho commesso alcun misfatto
degno di fama: assassinare un uomo,
o progettarne altrimenti la morte,
o violentare una fanciulla vergine,
o escogitare il modo di arrivarci,
o accusare qualcuno ch'è innocente
e giurare di non averlo fatto;
o fomentar mortale inimicizia
fra due persone state sempre amiche;
o far rompere il collo all'animale
appartenente a qualche poveraccio;
o appiccare di nottetempo il fuoco
ai fienili e granai, e ai proprietari
dire di spegnerli col loro pianto.
Ho tratto fuori i morti dalle tombe

per andare a piazzarli, dritti in piedi,
alle porte dei loro famigliari,
che avevan quasi scordato il dolore,
e col pugnale, sulla loro pelle,
ho inciso, come su corteccia d'albero,
a lettere romane: "Non sia morto
in voi il dolore, anche s'io son morto".
Ma son migliaia gli orrendi misfatti
perpetrati con la disinvoltura
di chi uccide una mosca;
e, in verità, niente m'affligge il cuore
più del pensiero d'essere impotente
a commetterne ancora diecimila".

(Silenzio. Le luci del palcoscenico si accendono mentre il REGISTA e il DIRETTORE DI SCENA entrano, si fermano e fissano l'arco, poi percorrono a grandi passi il palco, discutendo di vari problemi riguardanti le attrezzature, gli attori in ritardo.)

DIRETTORE DI SCENA: È il meglio che ho potuto fare col budget che mi hai concesso.

REGISTA: Di che arco si tratta?

DIRETTORE DI SCENA: L'Arco di Tito, credo. Non lo so, ad essere onesto. Il progettista dell'allestimento scenico se n'è andato stizzito, scontento del pagamento. Non ha nemmeno finito tutte le statue e le pitture. Anzi, c'è un dipinto dove non ha nemmeno terminato il viso di uno dei personaggi.

REGISTA: Che cosa? Se n'è andato prima di finire il viso in un ritratto? Un viso vuoto in un ritratto, mi stai prendendo in giro?

DIRETTORE DI SCENA: Nessuno è contento su questo palcoscenico. Degli arredi. Della paga. E le guardie Romane potrebbero entrare in sciopero. Hanno un incontro col sindacato nel pomeriggio.

REGISTA: Le guardie Romane in sciopero? Non hanno nemmeno parti in cui parlano. Che cosa intendono fare, marciare con cartelloni senza scritte in segno di protesta?

DIRETTORE DI SCENA: Oh, e Tito Andronico dice che sarà in ritardo.

REGISTA: Di nuovo.

DIRETTORE DI SCENA: Non riesce a trovare la sua mano amputata.

REGISTA: La sua mano! Altro che mano! È la testa che dovrebbe riattaccarsi per una volta! Tito non può usare i moncherini di Lavinia per la prova?

DIRETTORE DI SCENA: Anche lei arriverà in ritardo. Le ho chiesto di fermarsi al forno a prendere la torta con le parti del corpo di Chirone e Demetrio. Lei abita in zona.

(Il REGISTA sorpreso si ferma di fronte ad ARONNE.)

REGISTA: Almeno abbiamo un attore in scena con tutte le parti del corpo, benché sepolto.

ARONNE: Potete darmi una mano ad uscire da questo aggeggio?

DIRETTORE DI SCENA: Ahhh, vuoi che ti dia una mano. Abbiamo visto che cosa hai fatto a Tito Andronico.

REGISTA: No, stai là. E lavora su quelle ultime frasi: "Niente m'affligge il cuore più del pensiero d'essere impotente a commetterne ancora diecimila". Più astio. Più passione. Stai esprimendo provocazione e disprezzo, non una richiesta solenne di aiuto per uscire dalla sabbiera. Come dice Shakespeare, sei l'empio Moro, abominevole e infame, quindi dai libero sfogo al Moro abominevole e infame che c'è dentro di te. Dovrebbe essere facile. Voi Mori siete sempre incazzati per qualcosa.

ARONNE: Non sono un Moro. Sono pachistano.

REGISTA: *(Fa un gesto sprezzante con la mano.)* Allora dai sfogo all'"empio pachistano" che è in te. Come in quei delitti d'onore delle tue sorelle pachistane di cui leggi sempre. *(Si gira verso il DIRETTORE DI SCENA.)* Ma hai letto dell'omicidio d'onore di quella povera ragazza pachistana avvenuto qualche mese fa a Brescia? Che selvaggi.

DIRETTORE DI SCENA: *(Si sposta sotto l'arco.)* Guarda qui. C'è una crepa sull'arco. Se non troviamo più soldi qui crolla tutto come a Pompei.

(Il REGISTA e il DIRETTORE DI SCENA escono di scena a destra, mentre LUCIO e TAMORA entrano passando sotto l'arco. Stanno discutendo. LUCIO va verso ARONNE. Si ferma davanti a lui e lo prende in giro declamando i versi dell'Atto V.)

LUCIO: "Sia affondato in terra fino al petto,
e lì lasciato a morire di fame,
a urlare e a vaneggiare per il cibo!"

ARONNE: "Pur di averti a compagno nell'inferno
e starti a tormentare tutto il tempo
con la mia lingua amara".
(Allunga il braccio.) Dai, fammi uscire da questo maledetto buco. Sono arrivato presto per fare le prove e, non so come, sono

rimasto intrappolato in questa posizione.

LUCIO: Esattamente dove ti meriti di stare. Accetta il tuo fato, Moro.

ARONNE: Non sono un Moro! Sono pachistano!

LUCIO: Ok, pachi-moro. *(Si gira verso TAMORA.)* Lo sapevi che la parola "pomodoro" viene da "pomo dei mori"? Te l'hanno insegnato quando hai preso lezioni d'italiano in Ucraina?

TAMORA: Stai scherzando? Non ho mai preso lezioni d'italiano in Ucraina. Ho imparato l'italiano guardando "Un Posto al Sole" con un gruppo di vedove quando facevo la badante a San Giovanni in Persiceto. *(Puntando il dito contro ARONNE.)* Ma vuoi dire che questo straniero sepolto sul palcoscenico, è responsabile del sugo al pomodoro di tua mamma?

LUCIO: Non parlare male di mia madre!

ARONNE: Tu chiami me straniero? L'Ucraina non fa nemmeno parte dell'Unione Europea?

TAMORA: *(Si china verso ARONNE sul bordo della sabbiera.)* Non preoccuparti, qui c'è qualcosa per addolcire quella lingua.

(TAMORA infila dei pezzetti di caramella nella bocca di ARONNE che sorride. TAMORA e LUCIO si spostano sul palcoscenico verso destra, continuano a chiacchierare. MARCO entra dall'estremità sinistra, parlando al cellulare, animato, ma chiaramente preoccupato di ciò che lo circonda. Nel travaglio di porre fine a una relazione, resta in piedi al margine del proscenio rivolto verso il pubblico e fa un debole tentativo di coprire il telefono col palmo della mano, in modo che gli altri non sentano.)

MARCO: È finita, mi dispiace ma è finita. So quello che ho detto, ma devi accettare la realtà. È finita. Abbiamo chiuso (Pausa. Ingoia.). Ho chiuso. Devo andare. Dobbiamo tornare entrambi alle prove. Io sono già a teatro. *(Tiene il telefono lontano dall'orecchio.)* Guarda, non ti ho mai promesso niente, specialmente un passaporto nel mio paese. Non giocare la carta della compassione. Hai un sacco di opzioni, compresa quella di tornare nel tuo paese. *(Allontana di nuovo il telefono dall'orecchio e guarda attentamente TAMORA e LUCIO.)* Mi dispiace. Devi semplicemente accettarlo. Abbiamo chiuso.

(Il REGISTA agitato rientra, fa segno a MARCO di chiudere il telefono.)

REGISTA: Spegni, spegni, spegni. Quante volte ho detto niente telefoni sul palcoscenico?

MARCO: *(Mette il telefono in tasca.)* Dai, papà. Non abbiamo neanche iniziato. Lo sto mettendo via.

REGISTA: Non via. Fuori. Fuori dall'edificio. Non voglio che si gonfi nella tua tasca come un qualche gesto osceno. E nel momento in cui metti piede su questo palco non sono tuo padre. Devi pensare a me come al tuo regista.

DIRETTORE DI SCENA: *(Rientra dal bordo del palcoscenico.)* Tito ha appena chiesto del braccio a sua madre. Lei lo ha trovato in bagno. Un'altra mezz'ora di ritardo.

REGISTA: Sua madre? Che stava facendo col suo braccio amputato nel bagno della casa di sua madre?

ARONNE: *(Recitando.)* " ... e col pugnale, sulla loro pelle,
ho inciso, come su corteccia d'albero,
a lettere romane: 'Non sia morto

in voi il dolore, anche s'io son morto".

TAMORA: *(Mentre lei e LUCIO passeggiano vicino ad ARONNE, verso il proscenio.)* Non stai prendendo questo ruolo un pò troppo sul serio Aronne?

ARONNE: Ehi, ti ho dato un figlio, mia cara Regina dei Goti. Sto solo cercando di essere un padre responsabile.

TAMORA: *(Ridendo.)* Questa commedia parla di vendetta, non di responsabilità.

LUCIO: *(In tono di scherno.)* "Il tuo nero Cimmerio, tinge l'onore tuo, imperatrice, del color del suo corpo, ripugnante, detestabile, sporco, credi a me".

REGISTA: Okay, okay. Riprendiamo dalla scena finale del quinto atto mentre aspettiamo gli altri.

(Il REGISTA batte le mani, MARCO e LUCIO si spostano a sinistra del palcoscenico. TAMORA passa accanto a MARCO sfiorandolo e baciandolo sulla guancia fugacemente mentre si dirige verso sinistra.)

MARCO: Sei libera dopo le prove?

TAMORA: Sì, se sopravviviamo a questa commedia. Ricordati che mi uccidono e gettano il mio corpo in pasto a delle bestie feroci nell'ultima scena.

ARONNE: Qualcuno mi può almeno portare una bottiglia d'acqua?

REGISTA: Dio mio, non fai altro che lamentarti. Sfoga le tue pene con le pietre, come Tito. Okay, ragazzi, concentriamoci sull'ultima scena e poi liberiamo il Moro.

(Il REGISTA dà la battuta d'attacco a MARCO e LUCIO che si sposta sul bordo del palcoscenico voltandosi verso la platea. MARCO si mette l'elmo che gli copre leggermente il volto.)

MARCO: *(A LUCIO.)* Questa volta abbassa un pò i toni. Eri sopra le righe l'ultima volta. Ricordati che questa è la mia scena.

LUCIO: La tua scena? "E se l'ho fatto adesso, perdonatemi. Ma quando gli uomini son senza amici a lodarli, si lodano da soli".

REGISTA: Riprendete da dove abbiamo lasciato la volta scorsa, all'inizio della tua parte, Marco: "Ma con me è più giovin condottiero di Roma; vi racconti lui i fatti, io sto da parte ad ascoltarlo e a piangere".

MARCO: *(Rivolgendosi alla platea.)*
"O voi, figli di Roma, cittadini
divisi dai tumulti rattristati,
come stormo d'uccelli migratori
dispersi dalle raffiche dei venti,
lasciate ch'io v'insegni come fare
come raccogliere in un unico fascio
tutte le vostre spighe sparpagliate
e come riunire in un sol corpo
queste membra disperse,
perché Roma non sia mortal veleno
a se stessa, e non abbia a diventare,
mentre potenti regni a lei s'inchinano,
simil a un disperato fuorilegge
da tutti derelitto, procurandosi
fine ingloriosa con le proprie mani.
(A LUCIO.)

Parla tu, che vuoi anche bene a Roma,
come parlò quel primo nostro avo
quando nel suo fatidico linguaggio
narrò all'orecchio tristemente attonito
d'una Didone malata d'amore
di quella notte funesta di fuoco,
quando gli astuti Greci
sorpresero la Troia di re Priamo.
Dicci quale Sinone
è riuscito a stregarci le orecchie,
e chi ha introdotto la fatale macchina
tra le mura di Roma,
per infliggere a questa nostra Troia
la ferita della civil contesa.

Il mio cuore non è selce né acciaio,
e non riesco a esprimere a parole
tutto l'amaro delle nostre angosce
senza evitare che fiumi di lacrime
affoghino il mio e lo interrompano
proprio nel punto in cui dovrebbe indurvi
a restarmi più attenti
e a suscitarvi un moto di pietà.

Ma con me è più giovin condottiero
di Roma; vi racconti lui i fatti,
io sto da parte ad ascoltarlo e a piangere".

LUCIO: "Bene; e allora, cortesi ascoltatori,
sia noto a tutti voi che gli assassini
del fratello del nostro imperatore
sono Chirone e il dannato Demetrio;
che sono stati loro a violentare
mia sorella Lavinia;
che pei neri misfatti di quei due

furon decapitati i mei fratelli,
fatto dileggio il pianto di mio padre
e lui stesso, con il più vile inganno,
amputato di quella stessa mano
che tante volte avea brandito l'armi
a difesa di Roma
e spedito alla tomba i suoi nemici.
Io stesso, messo ingiustamente al bando,
le porte di città chiusemi in faccia,
cacciato via a mendicare in lacrime
conforto presso i nemici di Roma;
che davanti alle mie sincere lacrime
soffocaron la loro inimicizia
e mi apriron le braccia come amico.
Io sono dunque - sappiatelo bene -
il rinnegato che col proprio sangue
ha conservato a Roma il suo benessere
distogliendo dal suo petto la punta
dell'acciaio nemico, audacemente
ringuainandolo nel proprio petto
Ahimè, io non son uomo, lo sapete,
uso ad andar vantando i propri meriti:
le cicatrici mie, anche se mute,
testimoniano che quello che dico
è giusto e vero. Ma non mi dilungo
ad elogiare i miei indegni meriti.

E se l'ho fatto adesso, perdonatemi.
Ma quando gli uomini son senza amici,
a lodarli, si lodano da soli".

MARCO: *(Esitante, non si ricorda bene le battute.)*
"Ora è forza, però, che parli io.
Guardate questo infante ..."
(Si ferma cercando di ricordare la battuta.)

"Guardate questo infante:
del suo peso sgravata s'è Tamora,
frutto d'un empio Moro
che è stato l'architetto principale,
l'artefice di tutti i nostri mali".

REGISTA: *(Si alza, batte le mani, recita a voce alta.)* "Frutto d'un empio Moro che è stato l'architetto principale, l'artefice di tutti i nostri mali". *(Il REGISTA punta il dito contro ARONNE nella sabbiera.)* È il Moro, è lui il responsabile di questa tragedia. Questo deve essere chiaro nelle tue batttute finali. *(Il REGISTA punta il dito contro il pubblico.)* Devi esprimere l'orrore provato alla vista del Moro che si aggira tra di voi, lo straniero, il malvagio, un cancro ancora in agguato nella casa. Ha quasi distrutto l'Impero Romano. È un Moro, per Dio!

(Si sente del baccano proveniente da dietro le quinte dietro all'arco che blocca il REGISTA.)

REGISTA: E adesso che succede? Forse le guardie non scioperaeranno dopo tutto.

(Una diversa compagnia teatrale di sei attori vestiti da romani entra in fila Indiana passando sotto l'arco. Guidati da APULEIO II, seguito da CARACALLA che con uno spintone è passato davanti a GETA, ELIOGABALO [che indossa una tunica di foggia siriana], GIULIA DOMNA, e poi SETTIMIO SEVERO [che rimane sotto l'arco], la compagnia si ferma proprio dietro ad ARONNE, che non può girarsi e cerca di voltarsi senza riuscirci. MARCO e LUCIO, dalla parte sinistra del palcoscenico, guardano stupiti la compagnia che entra in scena. Il REGISTA infuriato va verso di loro. TAMORA entra da destra e si siede sul bordo del palcoscenico.)

ARONNE: Qualcuno mi può dire che sta succedendo? Sta crollando l'arco? Non voglio essere ucciso.

REGISTA: *(Ad ARONNE.)* Stai buono. *(Alla compagnia.)* Uscite, uscite dal palcoscenico, che diavolo state facendo? Avete parlato con il Direttore di Scena? L'ufficio è di là.

(Il REGISTA punta il dito contro la compagnia. anche i nuovi entrati sono confusi, mentre si dispongono a ventaglio intorno ad ARONNE. SEVERO osserva l'arco, incurante dell'indignazione del REGISTA. ELIOGABALO passeggia per il palco, osservando i costumi degli altri personaggi. Indifferente alle parole del REGISTA, GIULIA DOMNA si sposta davanti al palco e saluta il pubblico. Tira una manciata di monete d'oro con la sua effige.)

GIULIA: Pietas, felicitas, pudicitia.

(MARCO esce di scena. LUCIO si sposta al centro del palcoscenico.)

REGISTA: *(Agli attori intorno ad ARONNE.)* Non si entra in palcoscenico durante le prove. Siete anche voi attori professionisti o no? Almeno delle vere guardie romane saprebbero eseguire gli ordini e rimarrebbero dietro le quinte. Non si riverserebbero sul palco come un carico di clandestini.

APULEIO II: *(Si mette davanti agli altri e parla con un accento aristocratico.)* Non siamo guardie romane. E non siamo clandestini. E non siamo degli intrusi. *(Guarda CARACALLA, che sfodera la spada, e poi il REGISTA.)* E prima di adirarti, rimangiati le tue parole e chiedi perdono.

REGISTA: Chiedere perdono? Ma chi ti credi di essere?

APULEIO II: Io so chi sono, come sanno tutti coloro che sono su questo palco. Il fatto che tu non lo sappia ci fa preoccupare per la tua vita. Che fai tu sul nostro palcoscenico? Questa è la nostra storia.

REGISTA: Il tuo palcoscenico? La tua storia? Dov'è il Direttore di Scena?

GETA: *(Si sposta a lato di ARONNE, che lo riconosce come un amico conosciuto altrove.)* Ehi, ma sei proprio tu? Ma che ci fai sepolto nella sabbia?

ARONNE: Ciao, Geta! Finalmente qualcuno che mi può tirare fuori di qui. *(Alza il braccio verso di lui.)* Tirami fuori, dai. Stiamo facendo le prove del Tito Andronico.

GETA: Le prove del Tito Andronico? Che coincidenza. Anche noi siamo qui per fare le prove.

ARONNE: Sto scomodissimo, non ce la faccio più. Se non esco da questo buco vado fuori di testa e divento un "empio Moro".

(Mentre GETA si abbassa e afferra la mano di ARONNE, CARACALLA si avvicina e colpisce GETA che lascia andare la mano.)

CARACALLA: *(Infuriato a GETA.)* Ma che fai? Lascialo lì quell'imbecille. *(GETA si fa indietro, mentre CARACALLA si rivolge ad ARONNE.)* Fai la parte dell' "empio Moro"? In Tito Andronico? Di Shakespeare? Se poi è veramente di Shakespeare. Tito Andronico è una delle peggiori tragedie mai scritte e una delle più razziste. Non riesco a credere che tu stia facendo la parte di Aronne, l'empio Moro, quella caricatura dell'uomo nero che massacra le donne e i Romani solo per il gusto di farlo.

ARONNE: Ehi, è l'unica parte che mi offrono.

CARACALLA: *(Cambia voce per imitare ARONNE.)* "Oh, ho compiuto migliaia di atti spaventosi!" Che psicopatico. Uno psicopatico selvaggio, una vera disgrazia per la sua razza. E tu sei un disgraziato ad accettare questa parte con questa gente—e pure in ginocchio. *(CARACALLA dà una spinta a GETA che sembra impaurito.)* Come osi aiutare questo imbecille? Dovremmo seppellire il resto del suo corpo.

ARONNE: *(Cerca di tirarsi fuori, agitato e pieno di rabbia.)* Una disgrazia? Fammi uscire da questa trappola e ti insegno che cos'è una disgrazia, stupido ignorante. *(Fa un tentativo patetico di colpire CARACALLA, che rimane in piedi al suo fianco.)*

CARACALLA: *(Ridendo.)* Esatto. Qual è la tua battuta? "Il bene, che lo faccian gli imbecilli, e la clemenza la cerchino i giusti: Aronne vuole aver l'animo nero, come ha nera la faccia!"

REGISTA: *(Ad ARONNE)* Non ti muovere. Andiamo avanti con le prove. *(Il REGISTA si sposta di fronte a CARACALLA.)* Non so chi sei, ma esci dal mio palcoscenico. Questa è un'opera d'arte che è sopravvissuta a secoli di critiche.

(GIULIA attraversa il palcoscenico e conforta GETA ed entrambi si spostano dalla parte destra.)

APULEIO II: *(Fa segno a Caracalla di mettere via la spada, poi si rivolge al REGISTA.)* Direi piuttosto uno spettacolo disgustoso. E, peggio ancora, per mano di un drammaturgo inglese, che non è a conoscenza delle origini africane, arabe e greche della civiltá romana e si diverte a dare vita a personaggi abominevoli solo perché forestieri o di pelle scura. *(Fa una pausa e indica TAMORA.)* O Goti.

TAMORA: Cosa hai detto? Ho studiato per un'estate intera al Royal Theatre di Shakespeare a Londra.

APULEIO II: E allora perché hai accettato di recitare in una rappresentazione di così infima qualità? Ti piace essere la bionda

ninfa straniera del tuo nero Cimmerio? "Arma il tuo cuore, perciò, e accomoda i tuoi pensieri a salire su su, fino a raggiungere
la vetta del suo volo".

TAMORA: Sono un'attrice professionista, non una moralista
talebana. *(Si porta a sinistra del palcoscenico.)*

APULEIO II: *(Si sposta al centro del proscenio e si volta verso
il pubblico come per arringarlo.)* E voi, miei cari amici? Qual è
la ragione della vostra presenza qui oggi? Siete forse venuti a
vedere la solita vecchia rappresentazione di Tito Andronico, trita
e ritrita? Volete di nuovo vedere le solite quattordici uccisioni? I
soliti corpi smembrati, sei, includendo le teste decapitate? I soliti
corpi sotterrati vivi? Il solito cannibalismo? Siete veramente
venuti a vedere questa rappresentazione? *(Fa una pausa e poi si
gira verso il REGISTA.)* E ancor peggio: stupri e mutilazioni.
Dio mio, come si può giusticare la messa in scena dello stupro e
della mutilazione di una figlia seguiti da un lungo monologo—
venticinque insensati versi—di suo zio mentre lei giace sangui-
nante. E l'architetto principale, l'artefice di tutti i nostri mali? Il
frutto d'un empio Moro?

REGISTA: *(Fa un gesto sprezzante con la mano e si allontana.)*
Capisci Shakespeare peggio di un ...

APULEIO II: *(Interrompe.)* Peggio di un Moro ignorante?
È questo che volevi dire? In realtà sono berbero, algerino, ho
studiato in Tunisia e a Beirut. Però stranamente, l'università di
Bologna non mi ha convalidato le mie due lauree, una in letteratura e una in filosofia. Mi hanno offerto invece una brillante
carriera da lavapiatti alla mensa universitaria.

REGISTA: Vuoi dire che sono razzista? Che ho bisogno di
difendermi? Come ti permetti? È da mezzo secolo che faccio
teatro. Già ne ho abbastanza dei critici, ci manca solo che tu

invada il mio palcoscenico con il tuo tribunale della political correctness. Portalo da qualche altra parte. Per quello che mi importa, portalo all'università di Bologna. Esci dal mio palcoscenico.

APULEIUS II: Un tribunale? No, noi siamo qui per fare teatro. Parlando di tribunali, è il tuo Tito Andronico che ha condannato la nostra memoria.

REGISTA: Memoria? Cosa hai detto?

APULEIO II: Memoria. Condannata. *(Fa una pausa, si sposta sul proscenio e guarda la platea.)* Fino a quando questo teatro non ci farà rivivere ancora, noi non esisteremo.

REGISTA: Allora mi dispiace. Questo non è il teatro giusto. Noi stiamo mettendo in scena Shakespeare.

APULEIO II: Come noi in un certo senso. In realtà il Tito Andronico inizia bene. Quando un imperatore muore, i due figli Bassiano e Saturnino lottano l'uno contro l'altro per il potere. *(APULEIO II si sposta e appoggia la mano sulla spalla di CARACALLA.)* Quest'uomo che hai trattato senza rispetto è in realtà Bassiano, anche se lo conosciamo come Caracalla, il soprannome che gli deriva dal mantello irlandese che è solito indossare.

CARACALLA: *(Mostra il suo mantello.)* È l'ultima moda a Londra di questi tempi.

APULEIO II: *(Si avvicina di nuovo al REGISTA.)* Da quali fonti pensi che Shakespeare abbia attinto per la sua storia? Dal vero Bassiano e da suo fratello, Geta, e dal nostro amato imperatore Severo. *(Si gira e indica Severo che continua a guardare l'arco dando le spalle al pubblico).* I suoi due figli sono consumati dalla lotta fratricida per il potere. Eppure ecco che il tuo inglese offusca la vera storia di Roma e inventa gli atti depravati dei Mori da dare in pasto alla plebe.

(TAMORA si alza e va verso APULEIO II.)

TAMORA: Ma Tito Andronico è una commedia, non è la realtà.

APULEIO II: Tutto il mondo è una scena, mia cara Regina dei Goti, e gli uomini e le donne sono soltanto gli attori. Non lo ha scritto il tuo inglese? Naturalmente lo ha rubato a Petronio.

REGISTA: Esattamente, quod fere totus mundus exerceat histrionem, poiché quasi tutto il mondo è fatto di attori. Ma questo non vuol dire che hai diritto al palco, solo perché esisti. Siamo attori e creiamo il nostro teatro, le nostre storie.

APULEIO II: Ma le storie di chi? Il teatro di chi? *(Batte il piede.)* Il palco di chi?

(Il DIRETTORE DI SCENA finalmente arriva trafelato, entra da destra, e poi fa un passo indietro quando vede l'altra compagnia sul palco.)

DIRETTORE DI SCENA: *(Al REGISTA.)* Ma chi l'hai ingaggiati? Le guardie romane non dovrebbero arrivare fino al tardo pomeriggio. Non abbiamo quattrini per pagare altre sei comparse.

REGISTA: *(Si sposta verso APULEIO II.)* Avete capito? Siete licenziati. Il vostro posto nella storia, o la memoria, come vi piace chiamarla, è stata annullata dai tagli al budget. Portate il vostro processo alla memoria da qualche altra parte. Mi avete già fatto perdere un sacco di tempo. Siete nel teatro sbagliato.

(Facendo un gesto di congedo, il REGISTA insiste per farli andare via e poi prende il braccio di LUCIO facendogli segno di ricominciare le prove del Tito.) Siete libero di assistere alle nostre prove, ma ora levatevi dai piedi. *(Il REGISTA s'infuria quando realizza che MARCO non è sul palco.)* Marco, dove cazzo è Marco?

DIRETTORE DI SCENA: Dietro le quinte. Lo vado a chiamare.

(Il DIRETTORE DI SCENA esce mentre MARCO entra, con l'elmo ancora in testa.)

MARCO: *(Al REGISTA, mentre rimette in tasca il cellulare.)* Scusa, ho preso la palla al balzo per andare in bagno.

REGISTA Okay, abbiamo già perso tanto tempo. Marco, riprendi da dove avevamo lasciato.

(Il REGISTA ritorna a sinistra del palco, vicino a TAMORA. Mentre MARCO e LUCIO ritornano al centro del palco, APULEIO II, CARACALLA e ELIOGABALO si mettono dietro ad ARONNE, mentre SEVERO rimane sotto l'arco. GIULIA e GETA rimangono a destra. La presenza della compagnia è fastidiosa e non dà tregua.)

MARCO: *(A LUCIO.)* Non ti sembra che il palcoscenico sia un pó affollato?

LUCIO: *(Guardando l'altra compagnia.)* Mi pare che questi personaggi non hanno afferrato che devono uscire di scena. Tu per caso parli l'Arabo o quello quello che cazzo parlano i marocchini?

TAMORA: Io so un pó di francese. *(Poi si rivolge ad APULEIO II e agli altri.)* Quitter la scene.

REGISTA: Concentratevi. Concentratevi. Levati quell'elmo, Marco. Stai recitando un soliloquio, non stai dando ordini di marcia. Andiamo avanti.

(MARCO si schiarisce la gola, si leva l'elmo e poi continua con il suo monologo.)

MARCO: "Ora è forza, però, che parli io. Guardate questo infante: del suo peso sgravata s'è Tamora, frutto d'un empio Moro che è stato l'architetto principale, l'artefice di tutti i nostri mali.
Lo scellerato è vivo, e sta qui, dentro, nella casa di Tito".

GIULIA: *(Si sposta verso il centro del palco, interrompe MARCO.)* Marco. Ma, Marco? Guarda questo infante: del suo peso sgravata s'è Tamora? Chi è Tamora?

MARCO: Giulia, che fai qui?

REGISTA: Aspetta, che c'è adesso?

CARACALLA: *(Si precipita al centro del palcoscenico, dà una spinta a MARCO e tira GIULIA dalla sua parte prendendola per il braccio.)* Conosci quest'imbecille? Come lo conosci?

(Gli occhi degli attori di entrambe le compagnie si fissano su GIULIA e MARCO con diffidenza. TAMORA si alza, guarda MARCO poi GIULIA e fa un gesto indignato con la mano.)

TAMORA: Stai anche con lei? Merda. Queste prove sono un casino.

MARCO: Lei? Non esattamente. Fammi spiegare.

(TAMORA esce dalla scena infuriata.)

(Lunga pausa, mentre le due compagnie teatrali si confrontano, faccia a faccia, con MARCO e GIULIA al centro.)

SEVERO: *(Improvvisamente dalle quinte, sotto l'arco, la sua voce tuona.)* Questo è il mio arco. (Guardandosi alle spalle e poi leggendo a voce alta l'iscrizione sull'arco.) All'Imperatore Cesare Lucio Settimio Severo, figlio di Marco, Pio, Pertinace, Augusto, padre della patria, Partico, Arabico ... *(Si gira e guarda verso la platea.)* Non ce ne andiamo. Hai ragione, Apuleio. Questo è il nostro palco. Questo è il nostro teatro. Questo è il nostro momento.

(Le luci si spengono.)

Scena 2

La scena si apre a luci spente, mentre un riflettore lentamente rivela SEVERO sotto l'arco. Adesso l'arco è completamente illuminato. SEVERO indica parte dell'iscrizione latina. Poi la legge a voce alta.

SEVERO: *(Parla con un accento punico/straniero. Pronuncia il suo nome come "Sceverus".)* Imperatori Caesari Lucio Septimius Marci Filio Severo Pio Pertinaci Augusto Patri Patriae Parthico Arabico et Parthico Adiabenico Ptontifici Maximo Tribunicia Potestate XI Imperatori XI XI con Suli III Proconsuli et Imperatori Caeari Marco Aurelio Lucii Filio Antonoino Augusto Pio Felici Tribunicia Potestate VI Consuli Proconsuli Patri Patriae Optimis Fortissimisque Principibus Ob Rem Publicam Restitutam Imperiumque Populi Romani Propagatum Insignibus Virtutibus Eorum Dmoi Forissque Senatus Populus Quen Romanus.

(Leggermente confuso, si avvicina ad ARONNE che è ancora seppellito nella sabbia. SEVERO gli fa cenno di guardare l'arco che è dietro di lui, ma ARONNE non può girarsi. ARONNE scuote la testa.)

AARON: Forse non hai notato che sono bloccato dentro a questo arnese. Posso solo vedere quello che ho davanti, non la storia che c'è dietro.

SEVERO: C'è qualcosa che non va. Non riesco a capire bene. Ma c'è qualcosa di strano sul mio arco.

AARON: Il tuo arco?

(Dalla parte destra del palco, un riflettore si accende su GETA che è in piedi sul bordo del palcoscenico.)

GETA: Publio Septimio Lucii Filio Getae Nobilissimo. Sono stato rimosso dall'arco.

(GETA scompare, mentre le luci si accendono su tutto il palco. Il REGISTA è a sinistra del palco, in piedi accanto ad APULEIO II. TAMORA è seduta sulla sedia del REGISTA. CARACALLA e ELIOGABALO sono in piedi accanto alle rovine a destra del palco. Il DIRETTORE DI SCENA entra in scena.)

REGISTA: *(Al DIRETTORE DI SCENA che è sconvolto da tutti quei personaggi e cambiamenti.)* Guarda, l'arco è illuminato. Che bello. Ma l'illuminazione ci sta nel nostro budget?

DIRETTORE DI SCENA: Ma come è possibile? Non ho messo nessuna luce sull'arco.

REGISTA: Ha detto che c'è qualcosa di strano sull'arco. Sai di che parla?

DIRETTORE DI SCENA: Non ne ho la più pallida idea. Al liceo mi hanno rimandato sempre in Latino.

SEVERO: *(Si avvicina al centro del palco.)* Io invece sì. Parlo Latino, Greco, Punico, Aramaico insieme ad altre lingue. Prima che partissi per Eboracum, York in Bretagna, l'arco fu costruito per celebrare il mio trionfo erculeo sui Parti. Anche i miei due figli furono riconosciuti nell'iscrizione—i principi più forti—per aver ricostituito lo Stato e ingrandito l'Impero delle genti romane con la loro potenza visibile dentro e fuori dalla patria. *(SEVERO si gira verso il DIRETTORE DI SCENA.)* Cosa hai fatto al mio arco?

DIRETTORE DI SCENA: Il tuo arco?

REGISTA: Aspetta, che hai detto? York? Non capisco. Sei romano o britannico?

SEVERO: Leptitano.

DIRETTORE DI SCENA: Ma dov'è? In Irlanda?

SEVERO: Leptis Magna, in Libia, Africa. Ti sei scordato dell'immensità dell'impero? Io fui il primo africano a fare da imperatore a Roma.

DIRETTORE DI SCENA: Il primo?

SEVERO: Non è mio dovere ricordarti di quanti hanno seguito le mie orme dall'Africa, dalla Siria, fra le altre province, tra cui i figli della mia dinastia.

DIRETTORE DI SCENA: *(Sprezzante, si volta verso il pubblico.)* Ma l'avete sentito? Un imperatore africano? Una dinastia? Che ne sa lui dell'arco e del latino? Non sa nemmeno parlare bene l'italiano.

REGISTA: *(Al DIRETTORE DI SCENA.)* Aspetta un attimo, non fare l'ignorante, la dinastia dei Severi non è un'invenzione e l'Arco di Settimio Severo esiste.

SEVERO: *(Si gira e indica la parte destra dell'arco.)* Lí, sulla destra, è raffigurato il nostro assedio finale di Ctesifonte, la capitale dell'Impero Partico. Anche l'imperatore Traiano non riuscí a sconfiggere i Parti. E, più in alto, sono io che annuncio che mio figlio Caracalla sarà imperatore congiuntamente a Geta, il mio figlio minore e Geta sarà ... .

CARACALLA: *(Interrompe, affronta il DIRETTORE DI SCENA, spingendolo.)* Osi mettere in dubbio l'imperatore, studioso di numerose lingue, solo perché ha un accento? Sei di fronte ad un uomo che ha conquistato vasti territori tra la Persia e l'Egitto, e a nord fino al confine con la Caledonia. Non hai letto La Storia dell'Impero Romano di Erodiano? "Nessuna battaglia e nessuna vittoria può essere paragonata a quelle di Severo e nessun esercito alla grandezza del suo; non esistono rivolte comparabili tra le nazioni, o numero di campagne militari, o marce paragonabili per lunghezza e velocitá".

APULEIO II: *(Cercando di calmare CARACALLA.)* Ma non siamo solo gladiatori. Non si trattava solo del fatto che due terzi del grano che riforniva le vostre città venissero dall'Africa, ma anche del fatto che i più importanti mugnai della nostra cultura venivano dalle nostre province.

CARACALLA: Per non parlare dello zucchero, delle mandorle, del grano e del caffé della Siria.

APULEIO II: *(A CARACALLA.)* Basta, hanno afferrato il concetto.

CARACALLA: E i limoni.

APULEIO II: Basta, per favore. Tutti coloro che hanno conosciuto la Sicilia capiscono come gli Arabi abbiano trasformato la abitudini culinarie del luogo. *(Si gira verso il REGISTA.)* Le nostre terre hanno anche alimentato le vostre menti. Le parole del vostro grande Cicerone non sarebbero mai esistite nella nostra memoria, se Tiro, il suo schiavo africano, non le avesse trascritte con il metodo stenografico che aveva inventato. Ci siamo dimenticati che Cornelio Frontone, il grande grammatico latino che forgió l'arte della retorica romana, ebbe come discepolo Marco Aurelio? Era un berbero della capitale numidica Cirta, "un libico, dei nomadi libici". Il senso dell'umorismo di Roma imperiale non è forse stato coniato dal berbero Apuleio, mio padre, e dalle sue Metamorfosi dell'asino d'oro?

ARONNE: *(Sempre mezzo sepolto nella sabbia.)* Gli asini li posso capire, ma gli imperatori romani dall'Africa? Ho sempre pensato che gli imperatori romani fossero ... romani.

APULEIO II: Non solo gli imperatori. L'Africa e il Levante hanno prodotto grandi quantitá di governatori, generali, pretoriani e prefetti, papi e drammaturghi. È per questo che vi dovreste fare da parte e lasciarci il palco. Imparereste quello di cui il vostro Shakespeare non si accorse a York.

ARONNE: Io sarei felice di levarmi dai piedi se qualcuno mi facesse uscire da qui.

TAMORA: *(Improvvisamente si mette a parlare, dalla sedia del REGISTA.)* Allora, chi era la sua imperatrice, Cleopatra? Liz Taylor non veniva dall'Egitto?

(Il DIRETTORE DI SCENA e il REGISTA scoppiano in una risata. Il commento abbassa la tensione, e come risultato l'intera conversazione viene ridicolizzata.)

REGISTA: *(Batte le mani, e poi si dirige verso la sua sedia a sinistra del palco.)* Okay, basta con questa lezione di storia. Ritorniamo alle nostre prove. *(Si avvicina al DIRETTORE DI SCENA.)* Ma dove cavolo sono Marco e Lucio? E Tito, Lavinia e gli altri non dovrebbero essere qui ormai? (Guarda l'orologio.)

(GIULIA entra da dietro le quinte, e rimane in piedi sotto l'arco.)

GIULIA: *(Parla molto lentamente in italiano con un accento straniero, la voce tremolante.)* Non sono egiziana come Cleopatra. Sono siriana, di Emesa, figlia di un sommo sacerdote del dio solare Baal.

(Tutti sul palco fanno silenzio imbarazzati. Poi il DIRETTORE DI SCENA scoppia in una risata nasale, seguito da TAMORA, e finalmente dal REGISTA. L'altra compagnia si guarda intorno con aria offesa e scoraggiata. APULEIO II trattiene CARACALLA.)

REGISTA: Che Circo Massimo. *(Ancora risate dai suoi attori.)* Bene, grazie per lo spettacolo comunque.

(MARCO entra improvvisamente dalla parte destra del palco, sul proscenio. La risata si spegne rapidamente.)

MARCO: È siriana. Questo è certo.

(L'umore del REGISTA ora passa dalla derisione alla rabbia. Scuote la testa e cammina verso MARCO.)

REGISTA: Allora liberati di lei e di tutti gli altri. Vado a controllare il resto del cast nei camerini e, quando ritorno, non voglio vedere né un siriano, né un libico, né un Africano e nessun altro che non sia un vero romano sul palco. Capito? *(Il REGISTA esce di scena.)*

TAMORA: *(Guarda MARCO che si gira verso di lei in cerca di aiuto.)* Non ha parlato di Goti. Io sono quasi europea.

ARONNE: E io? Perché non posso uscire da qui?

(Il palcoscenico si oscura, mentre si accende un proiettore su MARCO e GIULIA che s'incontrano al centro del palco.)

MARCO: *(Sulla difensiva.)* Non è giusto che mi intrappoli sul palco così.

GIULIA: *(In un italiano stentato.)* Intrappolarti? E io invece? Lascio questo teatro, vengo, come si dice, acchiappata dalla polizia, arrestata e riportata al campo di detenzione. Non posso tornare a casa. La mia famiglia è in guerra.

MARCO: E questo è colpa mia?

GIULIA: Tu hai promesso di aiutarmi. *(Fa una pausa, con voce rotta.)* Hai anche detto che mi avresti sposato se necessario.

MARCO: *(Fa un gesto di scherno con la mano.)* Oh, ma non lo dicevo in senso letterale.

GIULIA: Senso letterale? Significa?

MARCO: In senso letterale, cioè ... . *(Scuote la testa, la sua voce cambia indispettita.)* Madonna, sei in questo paese da più di un anno e non parli ancora bene l'italiano. Non lo sopporto.

(Quando MARCO fa segno di andarsene, GIULIA lo prende per il braccio e lo ferma.)

GIULIA: Parlo quattro lingue fluentemente, mi dispiace che l'italiano non sia una di quelle. Ho una laurea in filosofia, anche se questo non mi mi aiuta. *(Fa una pausa, come per cercare una parola e poi dice una frase in Arabo, e una in Inglese.)* "Don't leave me now. I need you. You said you needed me".

MARCO: *(In inglese.)* I did need you. That night. *(Si allontana e poi si guarda indietro e continua in italiano.)* Senti, ho fatto uno sbaglio. Era un periodo difficile. È stato bello stare insieme, sei così affascintante e esotica, ma era ... una storia aberrante. E non penso che sia giusto che adesso tu usi la nostra storia come passaporto per entrare nel mio paese.

GIULIA: Passaporto nel tuo paese? Ma che dici? Io non voglio un passaporto. Voglio uscire dal tuo paese ma non posso. Capisci? Non posso! Mi hanno preso le impronte e adesso il tuo paese non mi dà il permesso di andarmene o di lavorare. Sono intrappolata in un purgatorio.

MARCO: Mi dispiace davvero, ma non ti posso aiutare. *(Quando le si avvicina per consolarla, lei si allontana.)*

GIULIA: Una storia aberrante? *(Impreca in arabo.)* Tu, come si dice in italiano? Tu mi fai schifo.

MARCO: Senti, non voglio passare da stronzo in questa storia. Non sono io a decidere del tuo permesso di soggiorno. È una questione legale. È una cosa al di là di me. È ... è una responsabilità troppo grande per me.

GIULIA: Pensavo fossi mio amico.

MARCO: Sono tuo amico e lascerò sempre tuo amico. Ma più un amico ... su Facebook, non qualcuno di cui hai così bisogno.

GIULIA: Facebook? Ma ti rendi conto di quello che ci aspetta? Che ci succederà?

MARCO: Noi? Senti, non mi puoi trascinare nelle tue questioni legali. Tu sei coscientemente entrata nel paese illegalmente. E sì, in un momento di passione posso aver promesso di aiutarti con il permesso di soggiorno con un matrimonio fasullo. Ma quello era solo ... era solo un sogno.

GIULIA: *(Offesa, GIULIA si prepara ad uscire, e poi si ferma sul bordo del palco.)* Non era un sogno. *(Appoggia una mano sull'addome.)* Guardate questo infante. Sono incinta. E questo figlio è tuo. E se mi lasci, nostro figlio non avrà né un padre né un paese.

MARCO: Incinta? Aspetta, aspetta. L'hai detto bene in italiano?

GIULIA: Tuo figlio.

MARCO: Un figlio?

GIULIA: *(Pausa lunga.)* Tuo figlio.

(Le luci si spengono.)

Scena 3

La scena si apre e il palco è completamente illuminato. CARACALLA consola GIULIA vicino alle rovine, a destra del palco. APULEIO II e LUCIO sono seduti vicono ad ARONNE sepolto nella sabbia. MARCO è da solo in piedi sotto l'arco. TAMORA è seduta nella sedia del REGISTA.

Il REGISTA entra da destra, prima vede GIULIA e CARACALLA, poi il gruppo intorno ad ARONNE, e poi si ferma al centro del palco. Confuso, chiama il DIRETTORE DI SCENA, che entra, guarda il caos del palco e si mette le mani nei capelli.

REGISTA: Ma che succede qui? State facendo un picnic?

DIRETTORE DI SCENA: Non ne ho la minima idea. Io me ne vado. Non mi pagano abbastanza per sopportare tutto questo.

(DIRETTORE DI SCENA esce.)

SEVERO: *(Al REGISTA.)* Lasci che il tuo Direttore di Scena se ne vada così? L'ordine nella tua casa è la misura del tuo successo nel campo di battaglia o sul palco. Almeno, gli obblighi degli artisti sono vincolati dalla legge.

REGISTA: *(Fa un gesto di disperazione.)* Vincolati dalla legge? Ma mi prendi per i fondelli? Per caso la tua compagnia teatrale che ha invaso il palco di qualcun altro è vincolata dalla legge?

SEVERO: Princeps legibus solutus est. Il principe non è vincolato dalle leggi. Benché, aggiungerei, anche se non siamo vincolati dalla legge, viviamo in accordo con essa.

(ELIOGABALO compare sotto l'arco.)

ELIOGABALO: Mio caro regista, ti dirò io cosa sta succedendo. *(ELIOGABALO fa un'entrata burlesca passando sotto l'arco, saluta i presenti sul palcoscenico e saluta la platea. È coperto di gioielli, incoronato da una tiara, truccato, e indossa una tunica di foggia siriana lunga fino ai piedi. Si gira e si rivolge a MARCO.)* Ma prima di tutto, Marco, devo farti i complimenti per la teatralità di come hai lasciato Giulia. Parole senza scrupoli ma ferme e veraci. Una recitazione eccellente. Mi ha ricordato, a dire il vero, del mio quarto divorzio.

APULEIO II: Con la Vergine Vestale?

ELIOGABALO: Oh no, quello è successo precedentemente. Non poteva concepire figli. Sarebbero stati così divini.

APULEIO II: Allora con il tuo gigolò?

ELIOGABALO: Povero Ierocle. Fu il mio ultimo, ma non divorziammo mai. Quello che le guardie fecero al suo corpo fu imperdonabile. *(Girandosi verso MARCO.)* E mentre ammiro il tuo stile drammatico—come usi insensibilmente il termine "storia aberrante" con una regina esotica è eccellente—posso rammentarti che fui io, ELIOGABALO, ad emettere l'editto che obbligava a compiere realmente tutti gli atti sessuali sul palco romano, senza simulazione, e perciò, prima dell'esecuzione finale sarebbe stato più convincente includere dei preliminari.

ARONNE: Non credo che a Shakespeare bisognerebbe rammentare questo dettaglio.

ELIOGABALO: *(Faccia a faccia con MARCO.)* Ciò nonostante, penso che il tuo rifiuto di Giulia ignori i suoi attributi.

Posso rammentarti che io la divinizzai durante il mio regno da imperatore? Ella dominava come Mater Castrorum, Mater Augusti, Mater Caesaris, Mater Augustorum, e Mater Senatus et Patriae.

ARONNE: Sarebbe una Festa della Mamma senza precedenti!

ELIOGABALO: Oh, che sciocco.

ARONNE: Per non parlare della sua gravidanza. *(Fa una pausa.)* Avete sentito tutti, no?

TAMORA: Gravidanza? *(TAMORA spinge via la sedia del REGISTA e con passo pesante si dirige verso MARCO. Punta il dito verso GIULIA, che sta appoggiata a CARACALLA che a sua volta balza in piedi.)* Di chi è il bambino?

MARCO: Beh, uhm ...

CARACALLA: *(A MARCO, battendo sul suo petto.)* Come osi accusare Giulia di una tale vergogna? Come osi diffondere le accuse blasfeme di Plauziano sulla promiscuitá di Giulia? Sei immemore di come mio padre ha fatto i conti con il suo tradimento?

TAMORA: Gravidanza?

CARACALLA: *(A TAMORA.)* No, fu ucciso a randellate e il suo corpo fu lasciato sulla strada. *(Voltandosi verso MARCO.)* Ma soffrì un fato peggiore. Fu rimosso da tutti i documenti e da tutti i monumenti pubblici e le sue statue furono distrutte. A Leptis anche le sue statue di bronzo furono fuse. È stato cancellato dalla memoria.

(SEVERO si avvicina e separa l'agitato CARACALLA da

MARCO, mentre TAMORA si sposta a destra del palco, e mentre il REGISTA interviene e fa spostare MARCO a sinistra.)

TAMORA: *(Sul bordo del proscenio a destra, grida a MARCO.)* Se l'hai messa incinta, ti meriteresti di essere cancellato dalla memoria, sei un essere viscido. Scordati del nostro appuntamento di stasera. *(Esce di scena.)*

MARCO: *(Scuotendo la testa.)* Aspetta, lasciami spiegare.

SEVERO: *(A CARACALLA.)* Aspetta, figlio mio. Tutti hanno diritto di difendersi prima di essere giustiziati. *(CARACALLA esce di scena.)*

REGISTA: *(Si apparta con MARCO a sinistra del palco.)* Figlio, che succede?

MARCO: Ah, adesso sono tuo figlio anche sul palco. Beh, mi dispiace, non sono affari che ti riguardano.

REGISTA: Non iniziare con questa storia adesso. Guarda che sei tu che hai portato la tua vita privata sul palco. *(Indica GIULIA, che è seduta da sola tra le rovine e SEVERO la raggiunge e si mette al suo fianco.)* Ma chi cavolo è quella?

MARCO: L'ho incontrata a una festa un paio di mesi fa. È una profuga siriana, un'artista. Ma è piuttosto colta. Penso che parli tutte le lingue del mediterraneo ... anche se non parla un buon italiano. Ha recitato in alcuni dei migliori teatri del medioriente. Almeno è quello che mi ha detto.

REGISTA: Non ti ho chiesto di darmi il suo curriculum. Ti ho chiesto chi è e cosa rappresenta per te? L'hai messa incinta?

MARCO: *(Si ritrae, facendo un gesto di fastidio con la mano.)* È entrata in Italia come clandestina, pare, falsificando i documenti e adesso è in mezzo ai guai. La gravidanza non è l'ultimo dei suoi problemi. Sai com'è questa gente.

REGISTA: Non hai risposto alla mia domanda.

MARCO: Come posso rispondere?

REGISTA: Dicendo la veritá.

MARCO: Come faccio a sapere cos'è vero e cos'è falso su questo palcoscenico?

REGISTA: L'averla messa incinta è l'ultimo dei tuoi problemi?

MARCO: *(Guardando la platea.)* Tutto questo è ridicolo. Non mi va di parlarne sul palco davanti a loro, non capisci.

REGISTA: Esatto, sto cercando di capire che sta succedendo sul palco e io dovrei essere il regista. Conosci altre persone di quel gruppo?

(MARCO scuote la testa.)

ARONNE: *(Parla improvvisamente, mentre il REGISTA e MARCO si spostano verso di lui verso il centro del palco.)* Conosco Geta. Posso dire che abbiamo fatto della strada insieme e finiamola lì. È algerino o libico o comunque nord africano. È un Moro di sicuro, forse potremmo scambiarci i ruoli. *(Indica ELIOGABALO.)* Ma non conosco lui e non lo voglio conoscere, lui o lei, quello che sia.

ELOGABALO: *(Si sposta verso il centro del palco, guardando la platea.)* Sono l'imperatore Elogabalo, l'alto sacerdote del Dio Sole, benché qualcuno mi conosce anche come la Regina di Ierocle. *(Si gira verso il REGISTA.)* C'è una ragione per cui non mi conosci. *(Fa una pausa, si sposta verso il proscenio e poi annuncia.)* Damnatio memoriae.

REGISTA: Damnatio memoriae?

ARONNE: Damnatio memoriae? Ma che significa? *(GETA entra precipitosamente sul palco, con un grande quadro in mano.)* Geta, eccoti. Stavamo proprio parlando di te.

GETA: Guardate cosa ho trovato dietro le quinte.

(CARACALLA si precipita al centro del palco. Poi si ferma e si volta verso il pubblico.)

CARACALLA: Aspetta.

GETA: *(Accanto a CARACALLA, al centro del palco, GETA con tono sprezzante.)* Una cosa è distruggere le sculture e sfigurare l'arco e altri monumenti, ma non posso credere che mi abbia cancellato da questo dipinto.

(CARACALLA guarda nervosamente verso SEVERO e poi verso GIULIA. Quando cerca di togliere il dipinto dalle mani di GETA, il REGISTA interviene nella zuffa. ARONNE grida a CARACALLA, mentre APULEIO II si avvicina al luogo dell'azione. TAMORA entra in scena sul proscenio.)

REGISTA: Smettetela, smettetela adesso. *(Il REGISTA separa i due fratelli. GETA mette il dipinto in mano al REGISTA. CARACALLA allora spinge GETA violentemente a terra. Il REGISTA osserva il dipinto.)* Questo deve essere il quadro che lo scenografo si è rifiutato di completare.

GETA: *(In ginocchio.)* No, fu completato, ma poi una parte del quadro fu distrutta.

CARACALLA: Un giorno diventerò il divino sovrano.

GETA: *(Da terra.)* Vedete? Deve essere fermato. O tutti noi pagheremo. È un dittatore.

ARONNE: Ma non erano tutti dei dittatori gli imperatori? A dire il vero, anche qualche altro italiano.

CARACALLA: *(Finge di dare un calcio a GETA.)* Non ti meriti nient'altro che una vita da cane.

REGISTA: *(Afferrando il braccio di CARACALLA.)* Tu diventerai presto un divino galeotto se continui così. Potrei chiamare i Carabinieri.

MARCO: *(A sinistra del palco, come se temesse un conflitto.)* Non sarebbe una cattiva idea.

GETA: *(Rialzandosi.)* Avete nelle vostre mani le prove di cui avete bisogno. Per favore, vi imploro. Prima che questa commedia vada troppo avanti.

ELIOGABALO: Almeno voi avete le prove. Distrussero il mio ritratto che che adornava la casa del Senato e lasciarono in rovina il mio adorato Tempio di Eliogabalo dedicato al nostro dio del sole. *(Si avvicina a CARACALLA.)* Padre, hanno mutilato i miei doni.

CARACALLA: Sono tuo padre?

ELIOGABALO: Mia madre era Giulia Soaemias Bassiana.

CARACALLA: *(Con espressione confusa.)* Ce ne erano molte di Giulie.

ELIOGABALO: Dalla Siria. La nipote di tua madre, Giulia. Quando tu mandasti via suo marito a governare la Numidia.

CARACALLA: Adesso ricordo.

ELIOGABALO: Padre, ti ripeto, hanno mutilato i mie doni.

APULEIO II: *(Con voce sprezzante.)* Mutilati i tuoi doni? E invece perché non parliamo dei tuoi atti di mutilazione? *(La risata di APULEIO II abbassa la tensione che circola sul palco.)* Come deflorare le Vergini Vestali o farti circoncidere durante un rito? E poi anche tu hai mutilato le monete di Macrina—il grande Imperatore, un berbero nato nella mia Algeria—che tu hai condannato alla damnatio memoriae.

ELIOGABALO: Padre, aiutami. Questo è insopportabile.

CARACALLA: *(Si avventa su APULEIO II.)* Come osi calunniare il mio figlio illegittimo?

APULEIO II: Non lo calunnio, lo derido.

(APULEIO II, ELIOGABALO, GETA e CARACALLA, incitati da ARONNE, iniziano ad urlarsi contro in varie lingue, dandosi spintoni e strattoni, gridando minacce, finché il REGISTA non interviene ancora.)

REGISTA: Stop, basta, fine. *(Tutti si azzittiscono e si allontanano dal luogo della zuffa. Il REGISTA si mette le mani nei capelli.)* Ma per Dio, cosa sta succedendo qui?

SEVERO: *(Si allontana da GIULIA.)* Ma quale Dio? Io insisto su Sarapia, se volete che partecipi a questa rappresentazione teatrale.

APULEIO II: Abbiamo cercato di dirtelo nella prima scena. Questo palco è in attesa di una risoluzione. *(APULEIO II si sposta al centro del palco e tira fuori un copione dalla tasca. Lo consegna al REGISTA che è rimasto in piedi con il dipinto in mano, stravolto. APULEIO II si allontana come per lasciare il copione e il suo fato nelle mani del REGISTA.)* Come sai, mio padre Apuleio notoriamente affermò, parit enim conversation contemptum; raritas conciliat admirationem. Siamo qui per mettere in scena una commedia sul disprezzo e l'ammirazione di coloro che furono condannati nell'antica Roma, e oggi. Inizia con la storia dei nostri padri e delle nostre madri, i nostri padri romani e africani. *(Fa un'altra pausa e poi si volta ancora verso il REGISTA.)* Ciò di cui abbiamo bisogno è un REGISTA disponibile a dirigere la commedia giusta.

REGISTA: *(Mentre sfoglia le pagine del copione, il REGISTA va verso la sua sedia a sinistra del palco.)* Damnatio memoriae.

APULEIO II: La memoria è la vera tragedia di Roma antica, non il Tito Andronico, e un nobile regista come te dovrebbe dare un equo ascolto a questa storia. *(APULEIO II va verso il pubblico come per presentare il suo caso alla platea.)* Inoltre, Tito non si è ancora presentato alle prove.

REGISTA: Chi l'ha scritto? *(Continua a sfogliare le pagine.)* Sembra ... incompleto.

APULEIO II: *(Inchinandosi davanti al pubblico.)* L'ho scritto io. La scaenae frons, devo ammettere, è stata copiata dal teatro di Bosra in Siria.

(Si spengono le luci.)

Atto II

Scena 1

La scena si apre con il REGISTA seduto sulla sua sedia a sinistra del palco. ARONNE è ancora mezzo sepolto nella sabbia, da solo. L'arco rimane illuminato. APULEIO II è al centro del palco rivolto al pubblico. Si gira verso il REGISTA che gli fa segno di cominciare. APULEIO II fa segno a AARON.

AARON: *(Legge dal copione.)* "Delusione e invidia sono le sole cause che mi hanno trascinato in questo tribunale, e anche prima questo ha portato molti pericoli mortali sul mio cammino". *(Guarda APULEIO II.)* L'Apologia di Apuleio?

APULEIO II: E così comincia la nostra storia, nell'annus domini 158, in una città vicino a Tripoli, dove un tredicenne Settimo Severo siede nella sala delle udienze di un tribunale, affascinato dalle accuse di magia nera mosse contro mio padre, Apuleio. Immaginate: il più grande novelliere latino di tutti i tempi, un berbero della Numidia, è stato accusato di sedurre con un sortilegio una vecchia vedova per toglierle le sue fortune.

LUCIO: *(Entra in scena da destra, con in mano il copione.)* "Che motivo di risentimento nutre Emiliano contro di me, anche se fosse stato informato correttamente, per accusarmi di atti di magia?"

APULEIO II: Quindi qual è la ragione di queste accuse? È chiaro come il sole che l'invidia è il solo motivo. E il crimine? *(Scuote la testa.)* Nessun crimine. *(Si gira su se stesso e indica ARONNE.)* Questo tribunale non sta processando i crimini degli accusati ma le calunnie degli accusatori. Ascoltate l'Apologia di Apuleio, il trionfo della commedia sulle accuse. Perché, cos'è un processo se non una rappresentazione teatrale?

GETA: *(Si precipita dall'arco al palco.)* Un momento. L'Apologia di Apuleio? Di che parli? Questa è la commedia sbagliata— quella è la storia di tuo padre, non la storia di nostro padre, l'Imperatore Settimio Severo.

APULEIO II: Ma, nella mia memoria tuo padre assistette a questo assurdo processo, perciò la commedia deve cominciare con la storia di Apuleio.

GETA: *(Fa rispettosamente segno ad APULEIO II di farsi da parte, va verso il centro del palco e poi si gira verso il pubblico. Prende il copione dalle mani di APULEIO II.)* La commedia non comincia in Nord Africa ma in Siria, dove il giovane delegato Settimo Severo ha appena preso il comando delle legioni siriane dell'esercito romano. Nella terra degli antichi Fenici suoi antenati, Severo si trova all'incrocio tra la città sacra di Emesa e Antiochia. E qui, naturalmente, consulta l'oracolo di Zeus Belos, il sacerdote di Baal, il Dio del Sole. La predizione della grandezza di Severo emerge dai drammatici versi dell'Iliade di Omero ... cos'è il fato se non una scena incompiuta di teatro.

ARONNE: Iliade? La parte di Agamennone, il re di Micene?

GETA: Si, un futuro imperatore in mezzo a noi. E prenderá poi Giulia in sposa, la figlia del sommo sacerdote del Dio Sole di Emesa, il cui auspicio aveva proclamato che avrebbe sposato un re.

(CARACALLA, infuriato, si precipita sul palco da destra, spinge GETA e APULEIO II da una parte e si piazza al centro del palco.)

CARACALLA: Sciocchezze. Voi due state raccontando la storia in modo sbagliato. Nella mia memoria, la commedia inizia nell'anno 193, l'anno dei cinque imperatori. Dopo essere uscito dall'anonimato e aver fatto strada nella classe equestre e, grazie ad uno zio influente, nell'esercito e nel senato, la stella nordafricana di Severo avanza tra i ranghi dopo che una peste devasta grandi parti di Roma. Presto, Severo comanda legioni di soldati in Pannonia.

ARONNE: La Pannonia?

REGISTA: *(Si alza.)* Quelli sono i Balcani di oggi, ma fai silenzio. Fallo parlare o, almeno, fai parlare uno di loro. *(Si gira verso il centro del palco.)* Ma come fa una commedia ad avere tre incipit diversi? Stai gettando la scena nel caos, la stai balcanizzando.

GETA: E se ci fossero tre versioni della stessa commedia? Quale verrà messa in scena? Chi verrà escluso e chi verrà ricordato?

ARONNE: Nel tuo caso, forse la commedia verrà scritta da chi sopravvive al vostro duello.

CARACALLA: *(CARACALLA sfodera la spada e poi si dirige verso LUCIO. MARCO entra da sinistra.)* Il caos regna su questo palcoscenico dai tempi di Severo. I briganti si aggirano nelle campagne. E poi, l'imperatore Commodo viene assassinato a capodanno. *(CARACALLA fa finta di accoltellare LUCIO e poi lo spinge a terra, mentre CARACALLA cammina verso un MARCO spaventato.)* Quindi Pertinace viene ucciso dalle guardie pretorie. *(CARACALLA spinge a terra MARCO e poi si para davanti ads APULEIO II.)* Poi Didio Giuliano viene condannato a morte dal senato. *(CARACALLA spinge APULEIO II, che finge di morire e cade a terra. Poi si gira e parla alla platea.)* Severo arriva a ripristinare l'ordine a Roma.

(SEVERO entra in scena dall'arco. ELIOGABALO è al suo fianco tenendo in mano un cestino. Getta petali di rosa davanti a SEVERO che si porta al centro del palco. SEVERO cammina zoppicando visibilmente, soffre di gotta.)

GETA: *(Si sposta con prudenza verso il centro del palco.)* Una vittoria senza sangue, devo aggiungere. La sua marcia, e poi il suo colpo di stato, furono compiuti per autodifesa. Entró nelle porte di Roma a cavallo, in abiti civili, salutato dal popolo con ghirlande, alloro e incenso

SEVERO: Sono venuto per riportare l'ordine a Roma, la nostra città in rovina, non più capace di sostentarsi. Riporteró indietro l'impero da un mondo che sta trascinando il suo destino verso gli abissi, e ricostruirò questa città, ricominciando dai nostri canali e dalle nostre riserve di grano ormai vuote.

(Con uno spettacolo multimediale di luci, le rovine hanno ripreso la loro struttura originale a forma di settizonio illuminato. Altre statue e sculture, così come degli alberi di palma, adesso adornano la scena.)

REGISTA: *(Si alza, stupefatto.)* Ma come hai fatto?

ARONNE: Di sicuro ha salvato questo palcoscenico dall'orlo dell'abisso.

(Mentre il REGISTA cammina tra gli edifici romani illuminati, SEVERO fa una pausa, si porta al centro del palco rivolto verso il publico. Le sue parole suonano come una dichiarazione.)

SEVERO: Olio gratis per tutti i cittadini dell'impero. Dieci pezzi d'oro ad ogni romano della plebe e ad ogni guardia.

CARACALLA, GETA e APULEIO II: *(Alzandosi in piedi.)* A mari usque ad mare. Lunga vita a Severo.

CARACALLA: Ecco l'Imperatore. Caesar. Lucius. Septimius. Severus. Pertinax. Augustus.

APULEIO II: Pater Patriae. Pontifex Maximux. Arabius Adiabenicus.

GETA: Il figlio di Marco Aurelio!

MARCO: *(Alzandosi in piedi.)* Il figlio di Marco Aurelio? Ma non hai detto che Severo era punico, nato in Libia?

SEVERO: Non capisci niente della storia romana. Ereditiamo il passato, nello stesso modo in cui ereditiamo la terra da coloro che hanno battuto questa terra prima di noi, senza preoccuparci dell'idioma parlato dalle loro lingue, del colore della loro pelle, o della forma delle loro mani. Non importa da dove viene il seme. Tuttavia, è importante come piantiamo quei semi nel momento in cui noi calpestiamo quel terreno.

APULEIO II: Ascoltate "il precettore degli dei".

SEVERO: Come mio padre Marco Aurelio, il saggio imperatore, ci ha insegnato, "Solo il presente ci è tolto, dato che solo questo abbiamo". "Poiché non possiamo perdere né il passato né il futuro; perché a nessuno possiamo togliere quello che non gli appartiene". Perciò, ho deciso di diventare parte della famiglia di Marco Aurelio, di essere suo figlio adottivo, per preservare l'eredità imperiale, la famiglia di Cesare. *(SEVERO si sposta davanti ad ARONNE, che supplica il pubblico di aiutarlo, mentre SEVERO alza la spada.)* Ma c'era ancora qualcosa che ostacolava la pace nel mio impero.

GETA: Tradito dal suo alleato che poi rifiutò di riconoscerlo come assoluto signore dell'Impero Romano, Severo sconfisse Clodio Albino nella Battaglia di Lugdunum in quella che oggi è la Francia.

CARACALLA: *(Al pubblico, assaporando i dettagli.)* Lo decapitò e poi stese il suo corpo nudo a terra e ... e poi fece lo stesso con la moglie e la sua famiglia.

LUCIO: *(Si alza in piedi.)* Un momento. Prima di perdere anche noi la testa, spiegatemi una cosa. Pensavo che una persona venisse adottata, non che ci potessimo far adottare da un padre già deceduto. Ancora non capisco come Severo possa essere il figlio di Marco Aurelio.

(CARACALLA ordina a GETA e APULEIO II di portare via LUCIO. CARACALLA e MARCO li seguono fuori dalla scena.)

(Il REGISTA va verso ARONNE e si siede sul bordo della sabbiaia.)

(Le luci di scena si spengono, mentre un riflettore illumina SEVERO al centro del palco. GIULIA entra da destra. Tiene un'urna nelle mani. Si ferma davanti a SEVERO e si volta verso la platea. SEVERO e GIULIA parlano in Greco o Aramaico, si abbracciano, e poi si allontano l'uno dall'altra, rimanendo al centro del palco.)

SEVERO: *(Si appoggia sulla spalla di GIULIA, come se avesse difficoltá a reggersi in piedi.)* Oh, Italia. L'impero della gente romana, eternamente rispettato, che i nostri padri ottennero con il loro valore, questo impero lo avete vergognosamente e disgraziatamente venduto per dell'argento come se fosse vostra proprietá personale.

GIULIA: Riposati adesso, il tuo viaggio volge alla fine.

SEVERO: Omnis fui et nihil expedit. Sono stato tutto ed è stato tutto inutile. L'Italia ha dissipato tutti miei successi. Ho conquistato i deserti dell'Arabia, la Mesopotamia e l'Assiria, ho sconfitto i Parti. Ho ricostruito il Vallo di Adriano. Ho esteso il nostro impero fino ai confini della Caledonia e ora guardate com'è ridotto questo paese. In rovina, come avevo trovato il Vallo di Adriano.

GIULIA: Mi ricordo bene il Vallo di Adriano. L'incontro con le donne caledoni.

SEVERO: Che bestie promiscue, gli Scozzesi.

GIULIA: *(Sorpresa.)* Promiscui? Le donne caledoni la chiamavano libertà sessuale. Non dimenticherò mai la loro ammonizione alle nostre donne. "Noi soddisfiamo le richieste della natura meglio di voi, donne romane", mi dissero. "Abbiamo rapporti sessuali apertamente con gli uomini migliori—e voi vi lasciate sedurre in segreto dai peggiori".

SEVERO: Che parole senza senso.

GIULIA: *(Alla platea.)* Non ne sono più sicura.

SEVERO: A Roma, ho ricostruito il Tempio della Pace, distrutto durante il caos di Commodo; ho restaurato il Pantheon, gli acquedotti del Palatino. *(Fa una pausa, contando con le dita.)* Ho lasciato questo impero con una riserva di grano che sarebbe durata sette anni. E ora, Italia, la tua economia in rovina, le tue genti demoralizzate.

(Un altro riflettore illumina ARONNE e il REGISTA, creando due sezioni distinte del palco.)

ARONNE: *(Al REGISTA:)* Immagino che abbia anche separato

il Mar Rosso, giusto?

REGISTA: Penso che l'abbia conquistato.

SEVERO: *(A GIULIA.)* Dov'è che ho sbagliato? Conquistai e condussi tre campagne militari per mantenere l'ordine nella mia stessa Africa del Nord, e, diventai il primo imperatore che assicurò agli Egiziani il diritto di entrare nel nostro senato romano. Di entrare a Roma ... da ... *(SEVERO indica le rovine a destra del palco, e poi guarda GIULIA, con aria confusa.)* Cos'è questo? Non era davanti alla nostra domus? Ti ricordi? Come ti emozionasti alla vista dei mosaici illuminati dagli intarsi del marmo africano. Le statue degli dei. Le sette divinità dei pianeti—Saturno, Marte, Giove, Venere, Mercurio e la luna, e naturalmente il tuo favorito, il Sole. *(GIULIA sorride, scuote la testa.)* Non lontani dai nostri bagni termali. Li misi lì, alla fine di Via Appia, rivolti a sud, per dare il benvenuto ai nostri fratelli che venivano dall'Africa. Ex Africa semper aliquid novi. C'è sempre qualcosa di nuovo dall'Africa. *(SEVERO fa una pausa, indica le rovine sul palco.)* Sono queste le rovine?

GIULIA: *(Abbraccia SEVERO, tenendo l'urna in una mano.)* Il Settizonio. Il più grande monumento della dinastia dei Severi—la Statua delle Libertà dell'antica Roma. Mentre dava il benvenuto ai viaggiatori dall'Africa, collegava, lungo l'antica via Appia, l'impero al settizonio della Sicilia, della Tunisia e dell'Algeria.

SEVERO: Fecisti patriam diversus sis de gentibus unam.

GIULIA: Di tante genti diverse feci una sola patria.

SEVERO: Sul palco ora in rovina. Sconosciuto. Dimenticato. Condannato dalla nostra memoria, come pietre rimosse dalla nostra via che conduce ad un mare infido.

GIULIA: Conduce al mare nostrum e al tragitto di migliaia di anime smarrite tra le onde prive di un attracco sicuro.

SEVERO: Mare Nostrum.

ARONNE: *(Al REGISTA.)* Mare Nostrum? Ma che significa? Il nostro mare? Ma non era sul giornale?

REGISTA: È il nome del programma italiano per salvare gli Africani, gli Arabi e altri profughi dal mare. L'altra settimana ne sono stati salvati più di 400.

ARONNE: Il nostro mare? O il vostro mare?

SEVERO: Mare Nostrum. *(Fa un gesto di frustrazione verso le rovine del Septizodio.)* Gli dei fungevano da fari per chi era a terra e chi era in mare. La distruzione di questi templi equivarrebbe a cancellare le costellazioni.

GIULIA: Il Papa e altri Cristiani lo demolirono nel sedicesimo secolo per costruire le loro cripte e le loro chiese. *(GIULIA regge il braccio di SEVERO ormai demoralizzato.)* Gli Africani, quelli del Levante, da tutte le province dell'impero stanno ancora entrando a Roma, seguendo le tue orme, ma adesso siamo dei clandestini.

SEVERO: Clandestini? Che parola stranissima.

ARONNE: Ma la parola clandestino non è latina?

REGISTA: Clandestinus?

GIULIA: Nascondersi. Forse dal latino "clam"?

SEVERO: Ipsi clam consilio inito Achillam, scrisse Cesare.

ARONNE: *(Al REGISTA.)* Allora essere clandestini oggi significa che ci nascondono o che ci stiamo nascondendo da loro?

REGISTA: Se hanno bisogno del tuo lavoro, ti nascondono. Se hai bisogno di loro, ti nascondi dalla polizia. In un modo o nell'altro, sei sempre un clandestino.

SEVERO: *(A GIULIA.)* Clandestini? Gli Africani e gli Arabi? Che idiozia è questa? Gens una sumus. Siamo una sola gente. Come si può usare questo termine per le genti che hanno sollevato dalle ceneri dell'Impero Romano questa città?

ARONNE: O raccolgono i pomodori per i cittadini o si prendono cura degli anziani? Niente segreti qui.

GIULIA: *(Punta il dito sul REGISTA.)* Chiedi a lui che ruolo abbiamo sul palcoscenico oggi. Chi si nasconde adesso? Chi nasconde i segreti della vostra storia? Chi sono i veri clandestin?

SEVERO: *(Avvilito, trascina i piedi dirigendosi verso il REGISTA e indica nuovamente l'arco.)* C'è una ragione per cui il mio arco si trova su questo palco. Io appartengo a questo luogo.

REGISTA: Più di 100.000 clandestini sono arrivati sulle carrette del mare quest'anno. Che dobbiamo fare, dobbiamo invitarli tutti sul palco?

SEVERO: *(Frustrato, ritorna da GIULIA.)* Non c'è speranza. Non so più cosa fare per farti capire. Posso solo mostrarti i semi che ho piantato nella storia.

GIULIA: *(Dichiara alla platea, alzando l'urna.)* Salutiamo il divino figlio di Marco Aurelio.

SEVERO: Presto conterrà l'uomo che il mondo non poteva contenere.

(Si sente un trambusto fuori scena a destra del palco. Il REGISTA si alza, mentre SEVERO e GIULIA lo guardano. Grida di minaccia continuano.)

GIULIA: I tuoi figli sono in guerra. Si rifiutano di mangiare alla stessa tavola, temendo che uno avveleni l'altro. Durante le corse dei carri si sono spezzati le gambe. Entrambi rivendicano il diritto al trono d'imperatore. Facendo gli spavaldi da Roma ad Antiochia a York, intrattenendosi con gladiatori e prostitute, abusando delle donne.

(GIULIA appoggia l'urna a terra e tenta di sorreggere SEVERO che si accascia, quasi cadendo dal palco.)

SEVERO: Lanciai la campagna di Britannia, così lontana da Roma, quasi solamente per interrompere i loro tristi conflitti. Purtroppo, come non riuscii a sottomettere i Caledoni, non riuscii a sottomettere i miei figli. Adesso questo mi uccide.

GIULIA: *(Grida.)* Geta, Caracalla, ho bisogno del vostro aiuto. Vostro padre sta morendo.

(Incapace di sostenere SEVERO, GIULIA fa segno al REGISTA di aiutarla. Il REGISTA la aiuta a far sedere sulla sua sedio SEVERO morente.)

(MARCO viene improvvisamente scagliato sul palco da destra. CARACALLA e GETA lo seguono e quando MARCO cerca di alzarsi, un infuriato CARACALLA lo ributta a terra con un calcio. Poi gli fa un gesto minaccioso.)

REGISTA: Ma, che fai? E mio figlio.

CARACALLA: Non puoi mettere incinta una donna e poi abbandonarla davanti a noi. *(Fa una mossa come per dargli un altro calcio.)* Tratti così un futuro figlio? Che razza di padre sei? Che paese permette agli uomini di trattare le donne così?

ARONNE: Geta, tuo padre.

(GETA guarda SEVERO e poi si precita verso la sedia del REGISTA. Indecisa tra SEVERO e i suoi figli, GIULIA esita, poi va a confortare MARCO che è ancora a terra. SEVERO grida di dolore. CARACALLA sferra un altro calcio a MARCO e poi precipita da SEVERO.)

SEVERO: *(A CARACALLA e GETA che sono al suo fianco.)* Non siate in disaccordo. Pagate i soldati. Ignorate tutto il resto.

(SEVERO muore.)

APULEIO II: *(Appare sotto l'arco.)* Lunga vita a Caracalla e Geta, imperatori congiunti dell'Impero Romano!

(GETA nota l'urna sul pavimento, si alza per andare a prenderla. CARACALLA lascia il fianco di SEVERO per scattare verso GETA cercando di togierli l'urna dalle mani.)

APULEIO II: *(Si sposta davanti ad ARONNE.)* Lunga vita a Caracalla e Geta, imperatori congiunti dell'Impero Romano! *(Si guarda intorno, confuso, mentre GETA e CARACALLA continuano a picchiarsi.)* Nessuno si unisce a me?

ARONNE: Shakespeare aveva ragione. "La corte dell'imperatore a Roma è simile alla casa della Fama, piena di lingue, di occhi e d'orecchi; i boschi sono invece impenetrabili, sordi e muti, paurosi".

GIULIA: *(Con MARCO, guardando CARACALLA e GETA.)* Figlio mio, figli miei. Qual è il nostro futuro?

(Le luci si spengono.)

Scena 2

La scena si apre con le luci su APULEIO II che è seduto vicino ad ARONNE, menre il REGISTA è seduto dalla parte opposta. Il resto dei personaggi ha lasciato la scena. L'arco e il Septizodio rimangono illuminati, anche se la luce è tenue. Le colonne, altre statue e altre sculture, e gli alberi di palma, adornano il palco, anche se sembra che siano state colpite, percosse.

ARONNE: Che significa metaformosi?

APULEIO II: Cambiare forma. Cambiare identitá.

ARONNE: Allora perché tuo padre chiamò la sua opera Le Metamorfosi o l'Asino d'Oro? Apuleio, giusto?

APULEIO II: La prima traduzione in inglese si riferiva a mio padre come a Lucio Apuleio Africano. È il più antico, se non l'unico, romanzo in Latino che ci è giunto intatto.

REGISTA: Ah, mi ricordo, la studiai per una rappresentazione del Decameron. È una delle opere più influenti della letteratura occidentale. La grande vicenda picaresca, gli episodi di Mileto, la satira, la nascita di Cupido e Psiche. Mandó in frantumi la compostezza della prosa latina con innovativi giochi di parole, con racconti licenziosi.

APULEIO II: Saeva scaeva virosa ebriosa pervicax pertinax.

ARONNE: Che significa?

APULEIO II: "Perfida e stupida e ubriacona, tarda e testarda ... nemica di ogni fede e di ogni pudore".

REGISTA: Se non ci fosse stato Apuleio, chissà se ci sarebbero stati Boccaccio, Cervantes, Rabelais o Defoe.

APULEIO II: O Shakespeare.

REGISTA: *(Si alza e si sposta al centro del palco.)* Ricordo bene quei giorni passati. Eravamo così idealisti. Divoravamo i racconti e le commedie dei grandi maestri e poi cercavamo di mettere in scena i loro lavori. Con il teatro di strada. Nelle osterie. In posti all'aperto. Se gli antichi greci e romani potevano riempire i teatri con migliaia di persone che andavano a confrontarsi con i drammi umani del giorno, perché non potremmo farlo anche noi con i problemi della nostra epoca? Credevamo che le storie avessero importanza, che le commedie potessero cambiare il modo in cui guardavamo al mondo e il nostro ruolo nel mondo. E dipendeva da noi, come i cantastorie di Boccaccio, fare la nostra parte sul palcoscenico. *(Fa una pausa.)* Ma non è andata così.

APULEUIS II: E non andó come mio padre avrebbe voluto.

ARONNE: Allora, si trasformò in un ... asino d'oro?

APULEIO II: Il narratore? Sì, voleva diventare un mago e voleva trasformarsi in un uccello, ma fallì. Passa attraverso una serie di viaggi fantastici incatenato ad un'identitá asinina che tutti denigrano. Ma impara qualcosa, da romano aristocratico quale era, impara come gli schiavi, i lavoratori, i forestieri e anche alcune donne vengano bistrattati.

REGISTA: Per me è ancora più importante il fatto che nel suo ruolo di asino che nessuno considera, riesce ad osservare, ascoltare, vivere e raccontare le storie di quei personaggi, storie di dissolutezza, di crimine e di sopravvivenza. Anche d'amore. Ah, è da lì che il teatro trae la sua linfa.

ARONNE: Ma poi l'asino subisce un'altra metaformosi e torna ad essere uomo, come prima?

REGISTA: Certo, dopo essere diventato seguace del culto della dea Iside, riesce a rompere l'incantesimo mangiando le sue rose magiche.

ARONNE: Iside, la dea dell'antico Egitto?

APULEIO II: Apuleio la chiamò "la madre dell'universo, la padrona di tutti gli elementi, la figlia primordiale del tempo, la regina dei morti, la regina dell'oceano".

(Le luci si abbassano sull'albero vicino ad ARONNE, mentre GIULIA entra in scena da destra, tenendo per mano CARACALLA e GETA. Si dirigono al centro del palco e poi si rivolgono alla platea mentre le luci si riaccendono su di loro.)

GIULIA: Il mare è agitato. Figli miei, dobbiamo unirci sul ponte di un'unica barca per poi salpare insieme, nonostante le vostre divergenze. Dobbiamo tornare uniti a Roma da York. Dobbiamo entrare in Italia come una famiglia.

(CARACALLA si stacca da GIULIA, si allontana, GIULIA lascia andare la mano di GETA.)

CARACALLA: L'Impero è unito, ma dopo la divinizzazione di Severo dobbiamo entrare nel nostro palazzo a Roma da porte diverse. La morte di Severo ci ha trasformato.

GETA: *(Indicando CARACALLA.)* Madre, ha già iniziato a pagare le guardie, per comprare il loro favore.

CARACALLA: Sei fortunato che non ti abbia lasciato sulle sponde straniere.

GIULIA: *(Afferra il braccio di entrambi, con voce tremante, in un italiano stentato.)* Potete decidere di dividere la terra e il mare, figli miei, e di tagliare in due i continenti dal Mare del Ponto alla Caledonia. Ma che ne sarà di vostra madre? Come la dividerete? E come farei io, povera madre, a lacerarmi in due e ripartirmi tra voi?

(CARACALLA e GETA si staccano da lei. CARACALLA va verso sinistra e GETA verso destra. Le luci si fissano ancora su ARONNE, mentre il REGISTA e APULEIO II rimangono al suo fianco. CARACALLA e GETA, e poi GIULIA lentamente si uniscono agli altri presso la sabbiaia.)

ARONNE: C'ero anch'io su quella barca. Dovetti attraversare la Turchia e dovetti andare in Libia per raggiungere la barca. *(Si gira verso il REGISTA.)* Così conobbi Geta. *(GIULIA si gira verso ARONNE mentre CARACALLA e GETA si spostano al centro del palco verso ARONNE.)* Lui e Caracalla comandavano barche diverse, ma quando il motore di una delle due barche andò in avaria, dovettero unire le forze in mare, per la sopravvivenza. Non per l'unione.

(Nel film multimediale si potrebbero includere delle clips di immagini di cronaca riguardanti le barche dei clandestini.)

GIULIA: Dopo aver lasciato la Libia, da un'altra imbarcazione, forse un pescatore ci gridó di tornare a terra, che stavamo viaggiando verso la nostra morte. Quasi nessuno indossava il giubbotto di savataggio. Si poteva comprare dal trafficante di clandestini, ma erano così cari e i trafficanti ci avevano assicurato che non c'era da preoccuparsi, che le barche erano sicure.

ARONNE: Vedemmo gente nell'acqua, avvinghiata a tavole di legno, a qualsiasi cosa galleggiasse. Anche ai corpi degli annegati. Ci fu una lotta per accaparrarsi i giubbotti di salvataggio e vidi un uomo strappare il giubbotto a una donna e lasciarla affogare.

CARACALLA: *(Indicando GETA.)* Era il peggiore dei trafficanti.

GETA: È una menzogna.

ARONNNE: Vedemmo come ne avevi accatastati centinaia sulla tua barca. Genitori con in braccio i figli piccoli. Ti dovrebbero processare come un criminale invece di concederti il permesso di soggiorno.

CARACALLA: Hai trattato le persone come fossero schiavi.

GETA: *(Si precipita da GIULIA.)* Non li ascoltare. Sono trafficanti al pari degli altri. Io ho solo avuto la sfortuna di scegliere una barca che non era affidabile. Non ho scelto io questo ruolo.

CARACALLA: Trafficante? Ma quanti bambini sarebbero morti se non ti fossi venuto in aiuto con la mia barca?

GETA: Sei un bugiardo.

(Quando CARACALLA si avventa su GETA, APULEIO II interviene, e ELIOGABALO, LUCIO e MARCO entrano correndo sul palco per calmare la zuffa. Il REGISTA va a consolare GIULIA. APULEIO II e ELIOGABALO scortano CARACALLA fuori dalla scena passando sotto l'arco. LUCIO e MARCO scortano GETA uscendo a destra del palco.)

ARONNE: Nessuno doveva essere su quella barca. Tu meno di tutti.

GIULIA: *(Davanti al REGISTA, al centro del palco.)* Non avevamo altra scelta. Geta aveva giá preso i nostri soldi. Disse a mio marito di farsela a nuoto fino in Sicilia se non si fidava della barca.

REGISTA: Tuo marito?

GIULIA: *(Si sposta a sinistra, cerca di parlare, si ferma per una lunga pausa, poi continua con un italiano stentato.)* Era un uomo dolce. Un biologo. All'università di Damasco. *(Fa una pausa.)* Insisteva che indossassi io il giubbotto salvagente. Quando la tempesta si abbattè su di noi, ci rifugiammo sotto bordo, ma la vecchia barca non resse e l'acqua iniziò ad entrare così velocemente che ci rifugiammo in uno spazio sempre più piccolo. Quando la barca si ribaltó, ci fu un'improvvisa ondata e tutto diventó nero. Ero sott'acqua. Poi vidi uno squarcio di luce, iniziai a nuotare finché non diventó più grande e mi resi conto che era un'apertura. Senza pensare, mi ci infilai e poi dopo poco mi ritrovai a galla.

ARONNE: Caracalla ci aiutò ad arrivare a riva, ma anche lì fummo vessati. La barca si fracassò sugli scogli di Vendicari, vicino a Portopalo, dove il Mare Ionico si incontra con il Mediterraneo. Mare Nostrum. *(Fa una pausa.)* Mare Monstrum?

(GIULIA si accascia e il REGISTA l'accompagna a sedersi sulla sua sedia. Una lunga pausa, le luci si abbassano.)

GIULIA: *(Appoggia la fronte sulle mani, piange.)* Non ho mai più visto mio marito.

REGISTA: Mi dispiace.

GIULIA: *(Guardando in alto.)* Ci sparpagliammo in tutte le direzioni. Io mi nascosi tra i limoneti per giorni. Era come in Siria. Un giorno, per un breve momento, ho chiuso gli occhi, ho assaporato la polpa agra di un limone e ho pensato di essere a casa, ma è stato un brutto sogno. Mi sono alzata al suono delle sirene. Sono entrata in una casa, ho preso dei vestiti e dei soldi e poi ho cercato di arrivare ad una stazione. Non avevo scelta, non avevo più niente. La polizia mi ha arrestato, mi ha preso le impronte e mi ha portato in un campo di detenzione. Ma una notte sono riuscita a scappare. Sono quasi arrivata in Francia, lì ho un'amica. Però la polizia francese mi ha fermato sul treno che stava passando il confine e mi ha rimandato in Italia. Mi hanno preso le impronte, sono schedata, ma sono senza documenti. Il tuo paese non me li rilascia e così non me ne posso neanche andare. Sono intrappolata in purgatorio. Sono stata trasformata in una criminale.

(Il REGISTA si sposta verso il centro del palco.)

REGISTA: Una criminale?

(Le luci si spengono.)

Scena 3

La scena si apre con GIULIA seduta sulla sedia del REGISTA, confortata da lui. Poi le luci si accendono lentamente sul centro del palco. ARONNE rimane nella sabbiaia.

ARONNE: *(Declama.)* "E col pugnale, sulla loro pelle, ho inciso, come su corteccia d'albero, a lettere romane: "Non sia morto in voi il dolore, anche s'io son morto".

REGISTA: Cosa stai facendo?

ARONNE: "Ho tratto fuori i morti dalle tombe
per andare a piazzarli, dritti in piedi,
alle porte dei loro famigliari".

REGISTA: *(Cerca di proteggere GIULIA dai versi di ARONNE.)*
Come puoi essere così insensibile?

ARONNE: Insensibile? Sto provando i versi di Shakespeare.
La conosci la disperazione che ti spinge a togliere il salvagente
a un altro essere umano mentre il mare lo divora? Non c'è con-
solazione dopo questo, solo trauma.

REGISTA: Cosa hai fatto dopo?

ARONNE: Ci hanno tenuto al centro di detenzione per clandestini Ponte Galeria. Appena fuori Roma. Quando siamo
arrivati, mi è sembrato come una gabbia per gladiatori. Ma era
peggio. Era freddissimo. I termosifoni non hanno mai funzio-
nato. Niente acqua calda. Sporco, sporco. Non c'era niente da
fare se non lottare per la propria esistenza, e la gente lottava. Ero
lì quando i marocchini sono finiti sulle pagine di tutti i giornali
del mondo perché si sono cuciti le labbra con gli ami e il filo da
pesca. Cucirsi la bocca era il solo modo per farsi ascoltare.

REGISTA: E gli altri?

ARONNE: In qualche modo Geta e Caracalla sono riusciti
ad uscire prima dal campo. Hanno chiesto asilo politico per la
guerra che va avanti in Libia e sono stati rilasciati. Non li ho più
visti fino a quando sono entrati su questo palcoscenico.

(MARCO entra da destra. Si ferma. Guarda il telefonino. Il REGISTA gli fa cenno di avvicinarsi.)

REGISTA: Vieni qui, figlio. Questa è la tua parte, non la mia.

(Continuando a guardare il telefono, MARCO attraversa lentamente il palco, mette via il telefono nella tasca, e mentre il REGISTA è in piedi e si allontana da GIULIA che appare sconvolta, MARCO si accovaccia vicino a lei tenendole la mano. Il REGISTA guarda la coppia, poi ARONNE, poi esce di scena.)

MARCO: Mi dispiace, Giulia. Ne hai passate tante. *(GIULIA guarda MARCO ma non dice niente.)* Visto il tuo stato psicologico, penso che tu debba considerare altre soluzioni a questa situazione. Ho chiamato un mio amico, un medico. Ha detto che può farti abortire ad un prezzo speciale. Posso aiutarti a pagare … una parte o tutto, se è necessario.

(GIULIA si raddrizza sulla sedia, disgustata dalle parole di MARCO.)

GIULIA: Pensi che puoi strappare mio figlio dal mio grembo e poi tutto andrá bene? Mi lasci senza parole.

MARCO: Ti sto facendo un favore. Questo bambino potrebbe rovinarti la vita.

GIULIA: Ma non ti vergogni?

MARCO: *(Si alza, offeso.)* Vergognarmi? Di che? Pensi di essere l'unica persona al mondo ad essere rimasta incinta per sbaglio? Sono cose che succedono. Affrontale e poi volta pagina, vai avanti.

GIULIA: Avanti da dove? Da un aborto? Pensi che rinuncerei a mio figlio, così tu puoi andare avanti ... e lasciarmi indietro ad affrontare le cose?

(GETA entra da destra, sconvolto e di fretta. Va da GIULIA. MARCO rimane in piedi con un'espressione difensiva. GETA si inginocchia davanti a GIULIA.)

GETA: *(A MARCO.)* Lasciaci. Non vedi quanti problemi hai già creato su questo palco?

MARCO: Io? Ma pensa a te!

(Facendo un gesto indispettito, MARCO esce di scena con passo pesante passando sotto l'arco.)

GETA: *(A GIULIA.)* Mi dispiace per quanto è accaduto. Ti prego, credimi, è stato un incidente.

GIULIA: Un incidente? Mettere in mare quel rottame? C'erano dei bambini a bordo. *(Fa una pausa, scuotendo la testa. Si alza e si sposta verso il centro del palco.)* Quando Severo ritornò in Siria per la sua ultima campagna contro i Parti, rammenti che chiamò una seconda volta gli oracoli di Zeus Belos che gli avevano già preannunciato il suo impero?

GETA: Sì, mi ricordo.

GIULIA: E sai cosa gli dissero gli dèi?

GETA: No, non lo so.

GIULIA: Citarono Euripide: "La tua casa perirà interamente nel sangue".

(GETA si alza, allarmato. APULEIO II, ELIOGABALO,

TAMORA e LUCIO emergono sotto l'arco e guardano il palco.)

GETA: Caracalla si è auto-proclamato imperator destinatus. Deve essere fermato.

GIULIA: Entrambi avete indossato il viola imperiale alla processione di vostro padre e avete giurato di rimanere uniti davanti al senato.

(CARACALLA entra in scena passando sotto l'arco. MARCO è al suo fianco. CARACALLA protende le mani verso GETA come a chiedere pace. Appoggia la sua spada vicino ad ARONNE e poi si avvicina a GETA al centro del palco. APULEIO II, ELIOGABALO, TAMORA e LUCIO appaiono sotto all'arco.)

CARACALLA: Orsù, ricongiungiamoci come fratelli e decidiamo il destino di questa famiglia.

GETA: *(Con aria di sospetto.)* Non mi fido di te. *(Indietreggia, poi si ferma.)* Hai cercato di avvelenarmi durante i festeggiamenti dei Saturnalia.

CARACALLA: *(Ride.)* Esageri.

GETA: *(Con voce stridula.)* Stammi lontano. Non hai imparato niente da nostro padre se non un desiderio smisurato di brutalità.

CARACALLA: *(Stendendo la mano.)* Riconciliamoci. Per onorare nostra madre.

GETA: *(Indietreggia ancora, fermandosi davanti ad ARONNE.)* Allora richiama i tuoi centurioni, che mi hanno seguito dietro le quinte come ombre.

CARACALLA: Sì, riconciliamoci come gesto di diplomazia.

(Mentre GETA finalmente si avvicina, CARACALLA fa un segno di approvazione e poi fa un segno a MARCO, che corre, afferra la spada e trafigge GETA. MARCO sfila la spada insanguinata e spinge Geta al centro del palco. APULEIO II, ELIOGABALO e ARONNE guardano la scena senza intervenire. TAMORA e LUCIO corrono verso MARCO, sbalorditi dalla sua azione.)

CARACALLA: *(Si gira e si sposta sul proscenio parlando alla platea.)* Siete stati testimoni voi stessi. Sono scampato ai pericolosi complotti di un uomo malvagio che ha minacciato il futuro del nostro impero.

GETA: *(Barcolla verso GIULIA, tenendosi il fianco.)* Madre, salvami. Madre, tu che mi hai messo al mondo. Madre, aiuto.

CARACALLA: *(Senza respiro.)* Ho prevenuto uno spietato attacco all'imperatore e allo stesso impero. Oh, la fortuna è stata dalla nostra parte. Capisci, vero?

(Il REGISTA entra da destra. MARCO getta a terra la spada con fragore, mentre GETA si getta nel grembo di GIULIA.)

REGISTA: Marco, cosa hai fatto?

ELIOGABALO: *(Si sposta a destra di ARONNE al centro del palco.)* Lunga vita a Marcus Aurelius Septimus Bassianus Antoninus Caracalla.

APULEIO II: *(Si sposta a sinistra di ARONNE.)* Ricorda le parole del grande imperatore Marco Aurelio: "Che tutto, dall'eternità, è della medesima specie e ciclicamente ritorna, e non fa alcuna differenza se si vedranno le stesse cose nello spazio di cento o duecento anni o nell'infinità del tempo".

ARONNE: E ciclicamente ritorna. È certo. Roma non fu fondata su un atto fratricida? Romolo che uccise Remo?

GIULIA: Figlio mio, che ti hanno fatto?

GETA: Muoio. Perdonami per ciò che ti ho fatto.

CARACALLA: *(Va verso GIULIA, che sorregge sul grembo il corpo morente e insanguinato di GETA.)* E così l'atto è stato compiuto. Ma non piangere. Ti vieto di piangere. Non versare una lacrima per questo sciagurato che tradì il nostro impero.

GIULIA: *(Piangendo.)* Come posso non piangere, non sentire la mia sofferenza, per questo figlio che è cresciuto nel mio grembo?

CARACALLA: Questo figlio che ti ha causato tanta sofferenza non dovrá più essere menzionato.

GIULIA: Geta.

CARACALLA: La tua sofferenza sarà alleviata. Geta non esisterà più.

GIULIA: È mio figlio.

CARACALLA: Era tuo figlio. È tempo di gioire. *(Si gira verso la platea, in modo celebratorio.)* Dobbiamo liberarci della spregevole esistenza di Geta e cancellarlo dalla nostra memoria. Damnatio memoriae, dichiaro. Rimuovete e distruggete ogni statua, ritirate ogni moneta che ritrae Geta e fondetela. In tutto l'impero, da York alla Libia, fino alla Siria e a Roma, eliminate ogni suo monumento. Cancellate il suo nome da tutti i documenti scritti. *(Si gira e punta il dito contro GETA e GIULIA.)* Questo uomo, questo mostro, la sua memoria non esistono più. *(CARACALLA si volta adesso verso l'arco.)* Anche su questo palcoscenico. Rimuoverò il suo nome dall'arco e lo rimpiazzerò con l'immagine di nuove conquiste.

GIULIA: Damnatio memoriae? No.

ARONNE: Damnatio memoriae di tuo fratello?

TAMORA: *(Dall'arco entra nel palco.)* Damnatio memoriae? Quanto imparate velocemente dai Romani, voi Africani.

LUCIO: *(Passa vicino a TAMORA e indica il morente GETA.)* Ma è ancora sul palco. È ancora un personaggio.

(Raccogliendo il famoso dipinto su tondo ligneo, datato 199, della famiglia dei Severi, ELIOGABALO cammina cerimoniosamente verso il proscenio e lo mostra al pubblico. Il volto di GETA è stato rimosso dal ritratto di famiglia. Una copia enorme del dipinto appare sullo schermo sullo sfondo.)

REGISTA: Non è per caso quello il quadro che lo scenografo non ha completato?

ELIOGABALO: Ecco la famiglia imperiale dei Severi, per sempre incisa nelle nostre memorie. Severo, Giulia e Caracalla.

ARONNE: Severo, Giulia e Caracalla, la famiglia imperiale?

APULEIO II: *(Si gira e indica l'arco.)* Ecco l'Arco di Settimio Severo, di nuovo.

(Un colore diverso illumina l'arco e i cambiamenti sull'iscrizione dell'arco che cancellano GETA sono chiaramente demarcati. Alcune statue e sculture che erano presenti sul palco scompaiono.)

(MARCO va al centro del palco, raccoglie la sua spada, guarda GIULIA e GETA e esce di scena.)

(Le luci si spengono.)

Atto III

Scena 1

La scena si apre con lo stesso set dell'ultima scena, con l'eccezione che il corpo di GETA è stato rimosso dal grembo di GIULIA. GIULIA è seduta sulla sedia, stravolta, CARACALLA è al centro del palco, MARCO dietro ad ARONNE, a destra. Il REGISTA è a destra del palco. Una copia enorme del dipinto della famiglia dei Severi è ancora proiettata sullo schermo, sullo sfondo.

Ancora una volta, raccogliendo il famoso dipinto su tondo ligneo, datato 199, della famiglia dei Severi, ELIOGABALO cammina cerimoniosamente verso il proscenio e lo mostra al pubblico.

ELIOGABALO: Ecco la famiglia imperiale dei Severi, per sempre incisa nelle nostre memorie. Severo, Giulia e Caracalla.

ARONNE: Severo, Giulia e Caracalla, la famiglia imperiale?

APULEIO II: *(Si gira e indica l'arco, ripetendo le stesse battute.)* Ecco l'Arco di Settimio Severo, di nuovo.

(MARCO va al centro del palco, raccoglie la sua spada un'altra volta, guarda GIULIA e poi inizia ad uscire dal palco.)

REGISTA: *(A MARCO.)* Cos'hai fatto?

MARCO: *(Si ferma davanti al REGISTA, a destra del palco.)* La mia parte.

(APULEIO II e ELIOGABALO seguono MARCO che esce di scena.)

(Provenendo dall'arco, TAMORA e LUCIO incontrano il REGISTA dal lato sinistro di ARONNE, mentre GIULIA si alza lentamente dalla sedia e va vicino a CARACALLA a destra del palco. CARACALLA mette un braccio intorno a GIULIA. Le luci illuminano i due gruppi rivali, le due parti del palco, lasciando al buio il resto della scena.)

TAMORA: Ma hanno appena rifatto la stessa scena un'altra volta, senza Geta?

LUCIO: Ma è nel copione?

REGISTA: *(Guarda il copione.)* Non riesco a capirlo. Il nome di un personaggio è stato cancellato.

CARACALLA: *(A Giulia.)* Tutto andrá bene. È ora di fare un pó di repulisti a Roma.

GIULIA: *(Sorridendo.)* Sì, lo so, mio imperatore. Porterai ordine, proprio come fece tuo padre.

CARACALLA: E gioia e piacere. Ho ordinato la costruzione dei bagni termali più grandi che siano mai esistiti a Roma, come li aveva sognati mio padre. Però, invece di Terme di Severo, le chiameremo naturalmente le Terme di Antonino o, semplicemente, le Terme di Caracalla.

GIULIA: Certamente, mio imperatore.

CARACALLA: *(Con eccitazione.)* I Romani di ogni classe, indipendentemente dal loro rango, apprezzeranno queste terme. Immagina le sculture e le statue, Ercole prima di tutti, come omaggio a mio padre. Voglio che le terme siano imponenti, fastose, e così raffinate, ci sarà anche una biblioteca in tante lingue!, da generare un senso di meraviglia in tutto il mio regno e un senso di unità tra le nostre genti.

(Una proiezione multimediale ritrae i sontuosi dintorni e le sculture delle Terme di Caracalla.)

GIULIA: Tuo padre adorava gli allegri mosaici degli artisti nord africani.

CARACALLA: Perciò li avremo. Non saremo parsimoniosi. Più di 250 colonne di marmo, migliaia di sculture. Specchi di bronzo. E abbastanza mosaici da pavimentare la strada per Leptis Magna ... e la nostra Emesa.

GIULIA: *(Sorridendo.)* Sì, mio imperatore. Sì, di nuovo in Siria.

(Le luci si spostano su TAMORA, LUCIO e il REGISTA.)

TAMORA: *(Guarda CARACALLA e GIULIA che si stringono affettuosamente.)* Questo è disgustoso. Sono assolutamente disgustata.

LUCIO: Questo tipo è ancora più furbo di Marco.

REGISTA: *(Guarda LUCIO, leggermente sorpreso, e poi indica la sedia del REGISTA.)* Che è successo al corpo? Geta non c'è più.

TAMORA: Tutto questo è disgustoso. Mi viene da vomitare. Questa donna ha perso il marito, ha appena assistito alla morte di suo figlio, e adesso coccola quel clandestino come se fosse ... un principe azzurro. È un serpente.

REGISTA: *(Inizia a camminare intorno alle immagini delle sculture delle Terme di Caracalla.)* Ma guardate queste sculture. Incredibile. Queste terme hanno influenzato la struttura di così tanti edifici pubblici nel mondo moderno. Non si può non rimanere colpiti. Non puoi negare l'effetto che Caracalla ha avuto sul mondo con questa sua visione.

TAMORA: *(Si precipita al centro del palco.)* Ma a che prezzo? Che fai, perdi la testa e ti metti a danzare tra la bellezza scordandoti semplicemente il folle che si nasconde dietro a tutto questo?

ARONNE: Pensavo che avessi detto che eri un'attrice professionaista, non una talebana moralista. O non avevo afferrato bene la traduzione?

TAMORA: *(Girandosi intorno, punta il dito verso Giulia.)* È una puttana.

LUCIO: Oh, questo mi sembra un'esagerazione.

TAMORA: Scommetto che ci va anche a letto.

ARONNE: Oh, ascolta quello che dici. O, piuttosto, ascolta Shakespeare. "È una donna, e può esser corteggiata; è una donna, e può esser conquistata". Certo, Shakespeare fece stuprare e smembrare Lavinia, se ti ricordi. Almeno Giulia è ancora adorata, inviolata, è ancora tutta intera.

TAMORA: Sto solo dicendo che la sua parte è senza vergogna. Come può una madre, regina dei mari, quali erano tutti i suoi titoli? Come può una madre negare la memoria di suo figlio assassinato?

LUCIO: La damnatio memoriae è più forte del sangue.

ARONNE: Caracalla l'ha appena dichiarata Mater Senatus et Patriae.

REGISTA: Ma che si fa, se quella è la parte che le viene data?

TAMORA: O forse la parte che ha deciso di avere. E se si è inventata tutta la sua storia? Il tragico viaggio sulla barca e la morte di suo marito? Il limoneto? Il treno per la Francia? *(TAMORA fa una pausa, si avvicina a CARACALLA e a GIULIA, mentre le luci da due diventano una.)* E se sta mentendo sulla sua gravidanza per intrappolare Marco? Non è la prima volta che una donna fa questo. Specialmente una clandestina.

ARONNE: E perché dovrebbe mentire su Marco?

TAMORA: Oh, povero Marco. Probabilmente è la vittima di un complotto, di una falsa gravidanza. *(GIULIA corre e si avventa contro TAMORA, strappandole la tunica.)*

GIULIA: *(Grida colpendo TAMORA.)* La vittima? Marco, la vittima? Sei una donna malefica.

(LUCIO strappa via GIULIA da TAMORA, i cui capelli si sciolgono.)

TAMORA: Ti devono riportare nel campo di detenzione, sei una criminale!

(GIULIA si riesce a liberare da LUCIO e vacilla verso sinistra.)

TAMORA: Anch'io vengo da un paese in rovina. Voi Arabi e Africani non siete i soli a soffrire. Ma non porto il mio fardello sul palco. Non faccio la parte della vittima e, credimi, potrei. Sto solo cercando di adattarmi a questo paese, di parlare la lingua di qui. Non faccio come voi Arabi e Africani che rifiutate di adattarvi e pretendete dello spazio su questa scena.

REGISTA: Basta.

ARONNE: Com'è facile per la vittima diventare criminale.

CARACALLA: *(Si sposta al centro del palco.)* Come osi accusare mia madre di tali empietà? Pensi di essere migliore di lei perché i tuoi capelli sono biondi, o perché parli un italiano migliore? Di dove sei? Ucraina? Ucraina! Il tuo paese si trova anche al di là dei confini dei Goti, i distruttori dell'Impero Romano. Il tuo sangue scorre verso l'est, verso l'Asia. Osi denigrare una donna la cui stirpe e la cui terra erano inseparabili dall'Impero Romano per più di due millenni? Come osi agire come se fossi irreprensibile mentre condanni questa donna solo perché viene dal sud, dalla Siria?

TAMORA: Le sue origini siriane sono l'unica cosa che conosciamo di lei. Il resto fa parte della commedia. Il mio personaggio non ha niente da nascondere. Ho un passaporto per provarlo.

GIULIA: *(Balbetta, scuote la testa.)* Io sono ... ma la guerra ...

REGISTA: *(Si avvicina a TAMORA.)* Abbi un pó di pietà, per Dio.

TAMORA: *(Punta il dito verso CARACALLA.)* Pietá? Come lui? Come lei?

(Il REGISTA separa i gruppi sul palco, TAMORA, LUCIUS a sinistra e CARACALLA e GIULIA a destra. Segue una lunga imbarazzante pausa, come se i personaggi non fossero più sicuri delle loro battute.)

ARONNE: "Ah, e la rabbia
dovrebbe dunque rimanere muta,
e senza voce l'ira?"

REGISTA: È la commedia sbagliata.

CARACALLA: *(Si fa avanti e si rivolge alla platea.)* Da questo momento, dichiaro che la Constitutio Antoniniana sarà la legge dell'Impero. Dall'anno domini 212, tutti gli uomini liberi dell'Impero Romano saranno cittadini romani. E tutte le donne avranno gli stessi diritti delle donne romane. L'editto è proclamato. È legge.

GIULIA: *(Va sul proscenio, di fronte alla platea, e abbraccia CARACALLA.)* Caracalla, ma può essere vero? Tutti gli uomini liberi dell'Impero Romano sono cittadini romani ora e tutte le donne hanno gli stessi diritti delle donne romane?

CARACALLA: In tutto l'Impero. Da est a ovest. Dai deserti dell'Africa al Vallo di Adriano.

TAMORA: Ma questo è assurdo. Tutti gli uomini liberi dell'Impero Romano avevano la cittadinanza e tutte le donne godevano degli stessi diritti, indipendentemente dalle loro origini? Com'è riuscito a fare questo Caracalla? Voleva dire aprire a tutti le frontiere dell'Impero Romano.

LUCIUS: L'imperatore decideva.

TAMORA: Ma non è comunque giusto.

REGISTA: Giusto? Non deve essere giusto. Questo è un evento storico. Non lo puoi negare perché non sembra giusto a te. È accaduto. Ed era un dato di fatto durante l'Impero Romano.

TAMORA: Ma non era un dato di fatto su questo palcoscenico fino a poco fa.

ARONNE: Significa che sono cittadino italiano adesso?

LUCIO: Tu? Ci sono milioni di stranieri che vivono in Italia.

TAMORA: Ma sta parlando dell'Impero Romano.

(TAMORA e LUCIUS scuotono la testa ed escono passsando sotto all'arco. MARCO entra da sinistra, si siede sulla sedia del REGISTA mentre guarda il telefono.)

ARONNE: *(Al REGISTA.)* Perché non posso diventare cittadino italiano?

REGISTA: È una buona domanda.

(MARCO entra da destra, si siede sulla sedia del REGISTA mentre guarda il suo telefono. Le luci si affievoliscono, mentre un riflettore illumina GIULIA e CARACALLA a destra del palco e un riflettore illumina MARCO a sinistra.)

GIULIA: *(Mettendosi una mano sul ventre.)* Mio figlio.

CARACALLA: *(Dando per scontato che GIULIA si stia rivolgendo a lui.)* Sì, madre.

MARCO: Mi dispiace rovinare la festa, ma quella legge non esiste più nell'Impero Romano e neppure in Italia.

(Le luci si spengono.)

Scena 2

La scena si apre con le luci su MARCO e sul REGISTA, in piedi a destra del palco presso le rovine. A sinistra del palco, al buio, GIULIA si siede sulla sedia del REGISTA, con CARACALLA al suo fianco. ARONNE è ancora sepolto nella sabbia.

REGISTA: *(A MARCO che fa un gesto al REGISTA.)* Cosa? Che vuoi dire?

MARCUS: *(Scuote la testa.)* Niente.

REGISTA: Veramente? Dai non giocare con me. Ti conosco. Dentro e fuori dal palco.

MARCO: Davvero?

REGISTA: Beh, non sapevo la parte di Giulia. Della vostra storia.

MARCO: Non c'è nessuna "parte". Non c'è stata nessuna "storia". Era solo ... solo. Voglio dire, non possiamo cancellare quella memoria e andare avanti?

REGISTA: Una piccola damnatio memoriae? Sarebbe conveniente. Ci sono tante memorie che vorrei cancellare, a partire da alcuni brutti spettacoli.

MARCUS: Guarda, se tu non avessi permesso a questa compagnia teatrale di entrare sul palco e di mettere in scena la loro commedia, niente di questo sarebbe mai successo. Nessuno avrebbe saputo niente. La vita sarebbe andata avanti come prima.

REGISTA: La tua vita, forse.

MARCO: Oh, tu non capisci, papà. Questa storia di Giulia la stai prendendo troppo seriamente, perché lei è arrivata sul tuo palco e ha raccontato la sua storia. Se avessi solo accennato rapidamente di aver avuto una storia di una notte con lei, come con tutte le altre donne che ho avuto, non te ne saresti nemmeno accorto. Sarebbe scomparsa. Senza nome. Forse una breve notizia al telegiornale che viene cancellata il giorno dopo da una nuova notizia. In un modo o nell'altro sarebbe uscita dalla mia vita. Dalla tua memoria. *(Fa una pausa.)* Come dovrebbe essere adesso.

(Le luci adesso illuminano GIULIA sulla sedia.)

REGISTA: Ma lei è qui. Stai rifiutando una storia importante nella tua vita, solo perché non è conveniente per te. E in questo sbagli. Devo ammettere che la sua storia, o piuttosto la sua commedia, mi ha costretto a ripensare a quello che stiamo facendo qui su questo palco, a quali storie e a quali commedie portiamo su questo palco.

MARCO: O scegliamo di non portare sul palco.

REGISTA: *(Fa una pausa e poi si sposta al centro del palco.)* O, prima di tutto, perché decidiamo di salire sul palco. *(Indica le antiche rovine romane e le colonne illuminate.)* Questo è il motivo per cui siamo qui. Questo è il motivo per cui volevo diventare un attore e un regista. Volevo creare qualcosa di scottante, sorprendente ... che resiste all'oblio. Capisci Marco? C'è una presenza in queste rovine. Una presenza che dà vita al teatro. Ma questa presenza deve essere svelata. Come frammenti d'esperienza umana riassemblati sul palco per dare vita a nuove storie. *(Il REGISTA si sposta verso la statua decapitata, si abbassa e raccoglie la testa da terra. Cerca di mettere la testa sul collo della statua, ma non ce la fa. Rimane con la testa fra le mani.)* Questa è la meravigliosa sfida del teatro. E questa è la sfida che questa nuova compagnia teatrale porta sul palcoscenico. Dio mio, Marco, è da anni che non mi capita una commedia che può rinvigorire questo palco, questo teatro, e anche noi.

MARCO: E se quei frammenti non si adattano a chi siamo noi o a quello che rappresenta il nostro teatro? E al tuo retaggio?

REGISTA: Esattamente. E che memoria lasciamo con il nostro teatro e chi ha il ruolo o il diritto di definire quella memoria. Tu? Io? *(Punta il dito verso la platea.)* Loro? Severo mi ha fatto riflettere su quello che lascerò in eredità, come lascerò ricordato. Da loro. *(Si gira verso MARCO.)* E da te. Figlio, faccio il regista di teatro da quasi mezzo secolo. Non mi sono mai sentito tanto fuori posto. Lo sai come ci si sente a mettere in scena una rappresentazione di una vecchia commedia che ti senti nelle ossa e poi ricevi un applauso fiacco dal pubblico e sai, nel momento preciso in cui lasci il palco, che sarai dimenticato, come se non avessi mai messo in scena niente?

MARCO: *(Ride in maniera soffocata.)* Una damnatio memoriae di un altro genere.

REGISTA: Non è uno scherzo.

MARCO: Tu ti preoccupi di essere dimenticato? Veramente? Non ti devi preoccupare. Costruiró una statua in tua memoria e la metterò davanti al teatro. E ingaggerò qualcuno per cancellare i graffiti ogni tanto.

REGISTA: *(Consegna a MARCO la testa della statua.)* Non sto parlando della statua. Sto parlando di come mantenere viva sul palcoscenico la presenza del passato.

(Offeso dalla risposta di MARCO, il REGISTA esce di scena da de-stra, CARACALLA, ELIOGABALO, TAMORA e LUCIO entrano in scena da sotto l'arco, mentre conversano e si fermano al centro del palco. MARCO si sposta sul bordo del proscenio a destra.)

TAMORA: Quindi, stai dicendo che ti dovrebbero dare la cittadinanza solo perché sei nato in questo paese?

LUCIO: Sì, è chiamata ius soli in Latino.

TAMORA: Anche se i tuoi genitori o la madre che sta per partorire non sono cittadini di quel paese? Se è così, è come dare ad una barca il molo per approdare, solo perché è arrivata a terra.

CARACALLA: Quella è una falsa analogia. I bambini nascono a terra. Non arrivano dal mare come detriti galleggianti.

TAMORA: Ma la madre sì.

CARACALLA: Fai pure, deridi la legge di Roma. Lo jus soli è nei libri da duemila anni. La mia Constitutio Antoniniana è basata sullo jus soli.

TAMORA: Sto solo dicendo che ha più senso garantire la cittadinanza se i genitori appartengono a quel paese.

LUCIO: Quella è lo jus sanguinis e anch'esso faceva parte della legge romana. E quella parte esiste ancora. Il nipote di un immigrato siciliano negli Stati Uniti ha diritto alla cittadinanza italiana, anche se non ha mai messo piede in terra italiana.

ARONNE: E quei bambini nati ogni anno in Italia da genitori non italiani? Che succede a loro?

LUCIO: Devono aspettare fino a quando compiono 18 anni e poi possono richiedere la cittadinanza.

ELIOGABALO: Ma io sono diventato imperatore a 14 anni. Che dovrei fare?

TAMORA: Allora, chi sono fino a diciotto anni?

LUCIO: Sono extracomunitari. Stranieri nella loro terra di nascita.

TAMORA: *(Si gira verso GIULIA.)* E non è colpa loro. I bambini sono vittime dei loro genitori.

(Giulia si copre il volto con le mani. CARACALLA la raggiunge e la consola.)

CARACALLA: Non disperare. Il mio editto resisterà. Proteggerò te e tuo figlio. Il mio lascito non sarà mai dimenticato su questa terra.

TAMORA: Potrebbe sempre avere il bambino e poi darlo in adozione ad una famiglia italiana.

ARONNE: Ma che dici? Suo padre è italiano. Quindi il bambino avrà diritto alla cittadinanza, in ogni caso. Vero Marco?

MARCO: Assolutamente no. *(Appoggia la testa della statua sul pavimento e esce di scena.)*

ELIOGABALO: Che crudele! E così fedele al personaggio.

LUCIO: È difficile da immaginare, ma ho letto di recente che un milione di bambini di genitori stranieri sono nati in Italia.

TAMORA: Mamma mia, ma come sarà l'Italia fra una generazione?

ARONNE: Come l'Impero Romano forse?

(APULEIO II appare sotto l'arco, sconvolto e senza fiato.)

APULEIO II: Caracalla, Elagabalus, venite qui, adesso. Dovete uscire di scena. *(Aggiunge un'altra battuta in arabo.)* Sbrigatevi.

(ELIOGABALO scappa via, mentre CARACALLA guarda GIULIA, poi corre via e esce attraverso l'arco con APULEIO II e ELIOGABALO. TAMORA e LUCIO si spostano al centro del palco, mentre il REGISTA entra in scena da destra. Il REGISTA è scioccato.)

LUCIO: Se ne sono andati. È stato facile.

TAMORA: Ma che succede?

REGISTA: *(Con le mani sulla faccia.)* Mio figlio, mio figlio. Non posso credere che abbia fatto questo. Como ho pututo permettere che succedesse tutto questo sul mio palcoscenico?

(Le luci si abbassano lentamente, mentre un riflettore illumina ARONNE.)

ARONNE: "Ma son migliaia gli orrendi misfatti
perpetrati con la disinvoltura
di chi uccide una mosca;
e, in verità, niente m'affligge il cuore
più del pensiero d'essere impotente
a commetterne ancora diecimila".

(Le luci si spengono.)

Scena 3

La scena si apre con le luci su GIULIA che è in piedi a sinistra del palco. Le rovine romane, le colonne e le sculture sono ancora illuminate. Adesso le luci che illuminano l'arco diventano rosse. APULEIO II è in piedi sotto l'arco.

GIULIA: *(Si rivolge al pubblico. Dice qualcosa in arabo.)* Immaginate di essere in scena sul palco del più importante teatro del vostro paese, i muri del teatro tremano mentre le bombe cadono nelle vicinanze. Il soffitto si sgretola. Il pubblico si alza precipitosamente per scappare, mentre tu senti gli ultimi versi di Cesare diretti a te che interpreti Cleopatra, "E così, alla fine della storia, i delitti alimentano altri delitti, sempre in nome del diritto, dell'onore e della pace, fino a quando gli dèi si stancheranno del sangue e creeranno una razza che possa capire". *(Fa una pausa.)* Una razza che possa capire? Come potrei mai immaginare di vivere senza mio figlio? Il mio viaggio è stato così doloroso. Ho perso così tanto. E perché non lo saprò mai. Non ho cominciato io la guerra nel mio paese. Non ho chiesto di andarmene. Non ho mai pensato di salire sul palco in questo paese. Questa non è la memoria che ho scelto per me.

APULEIO II: *(Dall'arco si porta al centro del palco.)* "Quella donna, dunque", secondo lo storico Cassius Dio, "da origine plebea ad altissimo grado portata, poiché, tenendo il di lei marito l'impero, per le ingiurie di Pauliziano menata, aveva una vita dolentissima, e il minore suo figliolo veduto aveva ucciso nel suo seno medesimo, e il maggiore, mentre viveva, sempre aveva odiato, e defunto aveva compianto in quel modo; viva fu dall'impero rovesciata, e inoltre a sé stessa diede la morte. Giulia".

(Sentendo una zuffa dietro le scene, APULEIO II si gira e esce dal palco lasciando GIULIA da sola. Le grida continuano da dietro le quinte. GIULIA fissa la platea.)

(Un ufficiale dei Carabinieri entra nel palco da destra. Guarda il pubblico.)

CARABINIERE: È lei?

MARCO: *(Entra da destra.)* Sì, è lei.

(TAMORA, LUCIO e il REGISTA si precipitano sul palco passando sotto l'arco, mentre il CARABINIERE si avvicina a GIULIA e la prende per il braccio.)

CARABINIERE: Fammi vedere i tuoi documenti.

GIULIA: *(Mette la mano nella tasca e tira fuori delle monete d'oro che tira al pubblico.)* Pietas, felicitas, pudicitia.

CARABINIERE: Ho detto, fammi vedere i tuoi documenti.

TAMORA: *(Al REGISTA.)* Ma tu non fai niente?

LUCIUS: Cosa posso fare? Marco ha chiamato i Carabinieri e l'ha denunciata.

REGISTA: Cosa fate sul mio palco?

(Quando il REGISTA affronta il CARABINIERE, LUCIO lo trattiene.)

CARABINIERE: *(Afferra il braccio di GIULIA che urla forte.)* Documenti. Se non hai i documenti, ti devo portare con me.

GIULIA: *(Rivolta al pubblico.)* Aiuto, qualcuno mi aiuti. Non c'è nessuno in questo teatro che mi possa aiutare?

(Lunga pausa, tutti i personaggi sono rivolti verso il pubblico.)

REGISTA: *(Cercando di liberarsi dalla stretta del LUCIO.)* Fermo, questa parte della commedia deve essere interrotta.

ARONNE: Ho fatto 18 mesi a Ponte Galeria.

TAMORA: Non riesco a guardare questo spettacolo. *(Esce di scena.)*

(LUCIO trattiene il REGISTA, che vorrebbe aiutare GIULIA, mentre il CARABINIERE inizia a portarla via dalla scena GIULIA. GIULIA continua a gridare e supplica il pubblico. Le cade il velo per terra. Il CARABINIERE la porta via.)

REGISTA: No, la lasci andare!

LUCIO: Non è giusto. Non va bene. È disgustoso. Hai permesso che le persone sbagliate si appropriassero del tuo palcoscenico.

(Il REGISTA attonito si dirige verso ARONNE e si siede sul bordo della sabbiera. MARCO entra in scena da sinistra e rimane in piedi.)

MARCO: È la legge.

(Il palcoscenico è completamente illuminato. MARCO si sposta al centro del palco e guarda la platea. Il REGISTA cammina barcollando per il palco e poi si avvicina alla sua sedia. Le luci che illuminano il Septizodium si spengono. Tutte le sculture, le statue e gli alberi di palma scompaiono. Il riflettore che illumina l'arco è ora spento.)

ARONNE: Forse Shakespeare aveva ragione. Tutte le acque dell'oceano non potranno far mai diventare bianche le nere zampe del cigno.

REGISTA: Non ci posso credere. Sono andati via tutti. Sono stati condannati dal nostro palcoscenico. *(Si mette la testa tra le mani.)*

LUCIO: *(Va verso MARCO al centro del palco, senza sapere cosa fare.)* E adesso?

(Lunga pausa sul palco.)

MARCO: E adesso? Ricominciamo. Siamo attori, no? *(Batte le mani, guarda l'orologio.)* Okay, ricominciamo, rimettiamoci al lavoro. Allora, Atto V. Scena finale. Comincia tu, Lucio, da qui, "pronunciate la vostra sentenza contro questo esecrato criminale ideatore e strumento lui stesso di tutti questi atroci accadimenti".

LUCIUS: *(Si porta al centro della scena, vicino a MARCO.)*
"Sia affondato in terra fino al petto,
e lì lasciato a morire di fame,
a urlare e a vaneggiare per il cibo!
Ed a chiunque dia soltanto il segno
d'aiutarlo o d'aver di lui mercé,
si commini la morte.
Questa è la nostra ultima sentenza.
Qui rimanga qualcuno
per controllar ch'ei resti conficcato
saldamente per terra".

ARONNE: *(Esitante.)*
"Ah, e la rabbia
dovrebbe dunque rimanere muta,
e senza voce l'ira? Un bambinello
non sono, da pentirmi con preghiere
e vili piagnistei di tutti i mali
che ho consumato. Diecimila ancora,
e ancor peggiori ne commetterei,
potendo agire a pieno mio talento.
E se una buona azione, anche una sola,
possa mai aver fatto in vita mia,
d'essa mi pento dal fondo dell'anima".

LUCIO: *(Guarda MARCO, che si mette una mano sul viso e comincia a piangere, e poi guarda il pubblico.)* "Qualche devoto amico porti via
da qui il corpo dell'imperatore,
e s'adoperi a dargli sepoltura
nella tomba dei suoi progenitori.
Mio padre sia sepolto, con Lavinia,
nel sepolcreto nostro di famiglia.
Quanto a Tamora, questa tigre ingorda,
per lei nessuna esequie, nessun lutto,
nessun rintocco di campana a morto.
Sia gettata alle bestie ed agli uccelli,
per esser loro preda,
perché bestiale è stata la sua vita,
ed ora ch'essa è morta
si prendano di lei pietà le bestie".

(LUCIO esce di scena. MARCO guarda il REGISTA, si ferma, guarda la platea e poi esce di scena. Il REGISTA si alza e va verso ARONNE.)

REGISTA: Dai, ti faccio uscire da quel buco.

ARONNE: *(Scuote la testa.)* No. Lo faccio da solo. *(Apre la serratura della botola, sbatte le chiavi a terra con forza e poi guarda il pubblico.)* Lo avrei dovuto fare molto tempo fa. Questa è l'ultima volta che mi vedi su questo palco.

(ARONNE esce di scena. Il REGISTA si piega a raccogliere le chiavi e le mette in tasca. Guarda il palcoscenico. Raccoglie il velo di GIULIA e se lo mette in tasca. Le luci si affievoliscono lentamente, con l'ultimo proiettore sul REGISTA e sull'arco. APULEIO II, CARACALLA e ELIOGABALO spuntano fuori da dietro all'arco con circospezione, si fermano sotto l'arco, incrociano le braccia e guardano verso la platea.)

REGISTA: *(Rivolgendosi a APULEIO II, CARACALLA e ELIOGABALO.)* Allora, domani ci vediamo alle cinque in punto. Le prove iniziano alle cinque e un quarto. Mi raccomando, non arrivate tardi.

(Il REGISTA guarda verso la platea, poi esce di scena a destra.)

(Le luci si spengono. Il sipario si chiude.)

About the Authors

Jeff Biggers is the American Book Award-winning author of several works of history and memoir, including *State Out of the Union: Arizona and the Final Showdown Over the American Dream*, selected by *Publishers Weekly* as a Top Ten Social Science Book in 2012. His stories have appeared on National Public Radio, and in the *New York Times, Washington Post, Salon.com, The Atlantic, The Guardian,* and *Corriere della Sera* (Italy). Author and performer of original monologues, his play "Across the Stones of Fire" toured nationally, and won the Greener Planet Award at the Planet Connections Theatre Festivity in New York City.

A native of Spoleto, Italy, **Carla Paciotto** is a Professor of Bilingual and Multicultural Education at Western Illinois University and specializes in language education policies for minority and immigrant populations. She has co-authored *Il bilinguismo tra Conservazione e Minaccia: Esempi e Presupposti per Interventi di Politica Linguistica e di Educazione Bilingue* (Franco Angeli), as well as numerous scholarly papers on language, culture, immigration and public policy in the United States, Mexico and Italy. Professor Paciotto may be reached at c-paciotto@wiu.edu.

Gli Autori

Jeff Biggers, statunitense, vincitore dell'American Book Award, è autore di saggi storici e biografici, tra cui State *Out of the Union: Arizona and the Final Showdown Over the American Dream*, selezionato dal *Publishers Weekly* come uno dei dieci migliori Libri di Scienze Sociali pubblicati nel 2012. I suoi racconti sono stati messi in onda dalla National Public Radio e i suoi articoli sono stati pubblicati da *The New York Times, Washington Post, Salon.com, The Atlantic, The Guardian* e dal *Corriere della Sera*. Autore e interprete di monologhi originali, con la sua commedia "Across the Stone of Fire", che ha riscosso grande successo a livello nazionale negli Stati Uniti, ha vinto il premio teatrale Green Planet Award-Planet Connections Theatre Festivity di New York.

Nata a Spoleto, **Carla Paciotto**, vive e lavora negli Stati Uniti, è una sociolinguista e docente di scienze dell'educazione presso la Western Illinois University negli Stati Uniti. Specializzata in politiche di educazione linguistica e interculturale per minoranze e popolazioni immigrate degli Stati Uniti, del Messico e dell'Italia, autrice di numerose pubblicazioni, ha contribuito in particolare al volume *Il Bilinguismo tra Conservazione e Minaccia: Esempi e Presupposti per Interventi di Politica linguistica e di Educazione Bilingue* (Franco Angeli).

Wings Press was founded in 1975 by Joanie Whitebird and Joseph F. Lomax, both deceased, as "an informal association of artists and cultural mythologists dedicated to the preservation of the literature of the nation of Texas." Publisher, editor and designer since 1995, Bryce Milligan is honored to carry on and expand that mission to include the finest in American writing—meaning *all* of the Americas, without commercial considerations clouding the decision to publish or not to publish.

Wings Press intends to produce multi-cultural books, chapbooks, ebooks, recordings and broadsides that enlighten the human spirit and enliven the mind. Everyone ever associated with Wings has been or is a writer, and we know well that writing is a transformational art form capable of changing the world, primarily by allowing us to glimpse something of each other's souls. We believe that good writing is innovative, insightful, and interesting. But most of all it is honest. As Bob Dylan put it, "To live outside the law, you must be honest."

Likewise, Wings Press is committed to treating the planet itself as a partner. Thus the press uses as much recycled material as possible, from the paper on which the books are printed to the boxes in which they are shipped.

As Robert Dana wrote in *Against the Grain,* "Small press publishing is personal publishing. In essence, it's a matter of personal vision, personal taste and courage, and personal friendships." Welcome to our world.

Colophon

This first edition of *Damnatio Memoriae: a play / una commedia* by Jeff Biggers and Carla Paciotto, has been printed on 60 pound Accent Opaque paper containing a percentage of recycled fiber. Titles have been set in Papyrus type, the text in Adobe Caslon type. This book was designed by Bryce Milligan.

On-line catalogue and ordering:
www.wingspress.com
Wings Press titles are distributed to the trade by the Independent Publishers Group
www.ipgbook.com
and in Europe by Gazelle
www.gazellebookservices.co.uk

Also available as an ebook.